O Movimento Negro educador

Dados Internacionais de Catalogação na Publicação (CIP)
(Câmara Brasileira do Livro, SP, Brasil)

Gomes, Nilma Lino
   O Movimento Negro educador : saberes construídos nas lutas por emancipação / Nilma Lino Gomes. – Petrópolis, RJ : Vozes, 2017.

   6ª reimpressão, 2020.

   ISBN 978-85-326-5579-0

   1. Educadores 2. Movimentos sociais 3. Negros – Brasil – Condições sociais 4. Negros – Educação 5. Sociologia educacional I. Título.

17-07247   CDD-306.43

Índices para catálogo sistemático:
1. Movimento Negro educador : Sociologia educacional 306.43

Nilma Lino Gomes

O Movimento Negro educador

Saberes construídos nas
lutas por emancipação

EDITORA VOZES

Petrópolis

© 2017, Editora Vozes Ltda.
Rua Frei Luís, 100
25689-900 Petrópolis, RJ
www.vozes.com.br
Brasil

Todos os direitos reservados. Nenhuma parte desta obra poderá ser reproduzida ou transmitida por qualquer forma e/ou quaisquer meios (eletrônico ou mecânico, incluindo fotocópia e gravação) ou arquivada em qualquer sistema ou banco de dados sem permissão escrita da editora.

CONSELHO EDITORIAL

Diretor
Gilberto Gonçalves Garcia

Editores
Aline dos Santos Carneiro
Edrian Josué Pasini
Marilac Loraine Oleniki
Welder Lancieri Marchini

Conselheiros
Francisco Morás
Ludovico Garmus
Teobaldo Heidemann
Volney J. Berkenbrock

Secretário executivo
João Batista Kreuch

Editoração: Maria da Conceição B. de Sousa
Diagramação: Editora Vozes
Revisão gráfica: Fernando Sergio Olivetti da Rocha
Capa: Ygor Moretti
Ilustração de capa: Antonio Terra

ISBN 978-85-326-5579-0

Editado conforme o novo acordo ortográfico.

Este livro foi composto e impresso pela Editora Vozes Ltda.

Filhos legítimos do seu próprio trabalho, de sua própria transformação desta terra, os negros no Brasil nada devem a ninguém. Devem, isto sim, é retomar construtivamente seus valores, os valores de seus avós, e reformarem esta sociedade. Ela também é deles. Quase que só a eles pertence.
Wilson do Nascimento e Joel Rufino dos Santos. *Atrás do muro da noite.*

[...] – Não tenho nada com isso, Seu Dito, mas vocês de cor são feitos de ferro. O lugar de vocês é dar duro na lavoura. Além de tudo, estudar filho é besteira. Depois eles se casam e a gente mesmo...
A primeira besteira ficou sem resposta, mas a segunda mereceu uma afirmação categórica e maravilhosa, que quase me fez desfalecer de ternura e amor.
– É que eu não estou estudando ela pra mim – disse meu pai. – É para ela mesma.
Geni Guimarães. *Leite do peito.*

O mar vagueia onduloso sob os meus pensamentos.
A memória bravia lança o leme:
Recordar é preciso.
O movimento de vaivém nas águas-lembranças
dos meus marejados olhos transborda-me a vida,
salgando-me o rosto e o gosto.
Sou eternamente náufraga.
Mas os fundos oceanos não me amedrontam
nem me imobilizam.
Uma paixão profunda é a boia que me emerge.
Sei que o mistério subsiste além das águas.
Conceição Evaristo. *Recordar é preciso.*

À minha família: D. Glória, Normélia, Jarbas e João Carlos, com quem aprendo que resistência e luta são sinônimos do nosso nome.

Ao Sr. Geraldo André e D. Glória Suzete, cujo cuidado e carinho orientam a minha trajetória.

Ao meu saudoso e querido pai, João Jarbas Gomes (*in memoriam*).

Ao Movimento Negro e de Mulheres Negras, espaços e lugares de saberes e aprendizagem.

Aos olhos negros que me veem de perto.

Sumário

Prefácio, 9
  Boaventura de Sousa Santos

Introdução, 13

1 O Movimento Negro Brasileiro como ator político, 21

2 Pedagogias que emergem, 40

3 O Movimento Negro e os saberes, 47

4 Tensão regulação-emancipação, produção de conhecimentos e saberes, 56

5 Corporeidade negra e tensão regulação-emancipação social: corpo negro regulado e corpo negro emancipado, 93

6 Tensão dialética e crise do pilar regulação-emancipação sociorracial no campo das relações raciais e educação, 101

7 Movimentos sociais, Movimento Negro e subjetividades desestabilizadoras, 119

Considerações finais – Novos horizontes emancipatórios?, 133

Referências, 141

Lista de figuras, 151

Índice, 153

Prefácio

Tenho um gosto muito especial em prefaciar este livro da Profa. Nilma Gomes. É um livro notável, verdadeiramente pioneiro no modo como aborda o valor epistemológico das lutas e movimentos sociais, no caso, do Movimento Negro do Brasil. O conhecimento convencional sobre as lutas sociais e os movimentos que as alimentam é de que umas e outros valem pelos objetivos que se propõem e pelas conquistas sociais que obtêm. Este livro põe em causa esse entendimento ao mostrar que uma das valências mais preciosas dos movimentos sociais e suas lutas é o de transformar o próprio conhecimento convencional construído a respeito deles. Isso é possível porque os movimentos têm um valor epistemológico intrínseco, são produtores de um tipo específico de conhecimento, o conhecimento nascido na luta. À medida que se consolida, esse conhecimento transforma a própria percepção e representação sociais a respeito dos temas e problemas que motivam as lutas. Contribui de forma decisiva para legitimar e fortalecer as lutas ao permitir aos movimentos sociais construir argumentos novos para sustentar as suas reivindicações; conhecimento próprio capaz de enfrentar, contrapor ou dialogar com o conhecimento convencional, crítico ou não, construído sobre os movimentos e suas lutas. A diferença fundamental entre o conhecimento nascido nas lutas e o conhecimento elaborado a respeito delas é que o primeiro é um conhecer-com, enquanto o segundo é um conhecer-sobre.

Tenho defendido que a validação do conhecimento nascido na luta é uma das características fundamentais do que designo por epistemologias do Sul. Este livro é uma eloquente ilustração das potencialidades dessa opção epistemológica. Afirma Nilma Gomes: "Uma coisa é certa: se não fosse a luta do Movimento Negro, nas suas mais diversas formas de expressão e de organização – com todas as tensões, os desafios e os limites –, muito do que o Brasil sabe atualmente sobre a questão racial e africana, não teria sido aprendido. E muito do que hoje se produz sobre a temática racial e africana, em uma perspectiva crítica e emancipatória, não teria sido construído. E nem as políticas de promoção da igualdade racial teriam sido construídas e implementadas".

A perspectiva privilegiada por Nilma Gomes para mostrar a riqueza epistemológica do Movimento Negro é a educação. O movimento é educador porque gera conhecimento novo, que não só alimenta as lutas e constitui novos atores políticos, como contribui para que a sociedade em geral se dote de outros conhecimentos que a enriqueçam no seu conjunto. A pedagogia e a epistemologia são, pois, duas dimensões do mesmo processo, e o enriquecimento cognitivo da sociedade ocorre tanto por via do que designo sociologia das ausências (a revelação-denúncia de realidades e atores sociais silenciados, ignorados, esmagados, demonizados, trivializados) como por via da sociologia das emergências (a revelação-potência de novos conhecimentos, de outras dimensões da emancipação e da libertação, de novas e ancestrais identidades, formas de luta e de ação política). Nilma Gomes, não só ilustra as potencialidades analíticas dessas categorias, como as dota de uma capacidade de ampliação e aprofundamento muito para além do que eu próprio fizera. Tal ampliação e aprofundamento reside na construção da pedagogia das ausências e das emergências proposta por Nilma Gomes. Estamos perante uma contribuição nova, inovadora e de importância decisiva para o que designo "pedagogias pós-abissais".

Mas como Nilma Gomes bem salienta e ilustra de modo magistral, o conhecimento nascido na luta não avança de modo isolado, entra em diálogo com muitos outros conhecimentos, nomeadamente com o conhecimento acadêmico produzido nas universidades e centros de pesquisa. Aliás, os militantes e líderes dos movimentos, de que ela é um exemplo destacado, operam frequentemente a tradução intercultural entre o conhecimento nascido na luta e o conhecimento acadêmico, com vista a construir novas configurações cognitivas e políticas. Designo essas constelações de ecologias de saberes. E não poderia imaginar melhor ilustração do que a que decorre deste livro.

Este livro seduziu-me pela sua inovação e criatividade. Seduziu-me também por mostrar de modo muito convincente como se constrói na sociedade o saber que dá mais força e legitimidade às nossas aspirações de uma sociedade mais justa; como é possível nas nossas sociedades, tão desiguais, tão injustas e tão violentas, converter vítimas da opressão em atores políticos que protagonizam a resistência e a luta. Estou certo que aquilo que me seduz neste livro seduzirá todos os seus leitores e suas leitoras.

Isso bastaria para justificar o especial gosto que tive em prefaciar este livro. Mas há ainda outras razões. Nilma Gomes foi uma das mais brilhantes pós-doutorandas que na minha já longa carreira universitária tive o privilégio de orientar. Mais do que uma orientação, foi uma partilha constante de ideias e um enriquecimento mútuo, de tal maneira consistentes e persistentes, que se mantiveram muito para além do estágio e duraram até hoje. No final de contas, fui orientador da Nilma tanto quanto ela me orientou. Talvez essa devesse ser a norma nos pós-doutoramentos, mas a verdade é que muito raramente ocorre.

Acresce que assisti de perto, e de algum modo participei, no passo gigante, decisivo na vida profissional da Nilma, da vida acadêmica e trabalho militante com o Movimento Negro, para a vida política e a assunção de responsabilidades governativas no mais recente governo legítimo do Brasil, o governo da Presidenta Dilma Rousseff. Como bem demonstra o roteiro da sua intervenção política aqui detalhadamente narrada, foi um passo de importância transcendente sobretudo porque, enquanto governante, Nilma Gomes manteve uma fidelidade incondicional a seus ideais e às aspirações do Movimento Negro que a tinham guindado a tão alto cargo. Neste momento difícil que o Brasil atravessa é particularmente importante salientar e saudar acadêmicos, militantes e políticos da alta estirpe de Nilma Gomes. É uma saudação a que eu gostosamente me associo.

Boaventura de Sousa Santos
Coimbra, 23 de agosto de 2017.

Introdução

O Movimento Negro é um educador. Minha trajetória como professora, minhas pesquisas, produções teóricas e ações políticas se pautam nesse reconhecimento.

O que a Pedagogia e as práticas pedagógicas teriam a aprender com o Movimento Negro entendido como ator político e educador? E o campo das Humanidades e das Ciências Sociais? O que os cursos de formação de professoras e professores sabem e discutem sobre esse movimento social e suas demandas por educação? E os cursos de pós-graduação das Humanidades e Ciências Sociais? O que os currículos têm a aprender com os processos educativos construídos pelo Movimento Negro ao longo da nossa história social, política e educacional? A pós-graduação dialoga com esses aprendizados? E têm integrado em seus corpos docente e discente sujeitos negras e negros que fazem parte ou foram reeducados por esse movimento social? Que sabedorias ancestrais o Movimento Negro nos ensina? Como ele nos reeduca?

Essas questões orientam este estudo. Elas são resultado de um aprendizado e representam, ao mesmo tempo, um tributo ao investimento intelectual, político, de vida e à trajetória persistente e tensa construída por tantos militantes do Movimento Negro e de Mulheres Negras que lutaram e lutam pela superação do racismo e pela construção da emancipação social no Brasil e na diáspora africana.

Este trabalho tem como tese principal o papel do Movimento Negro Brasileiro como educador, produtor de saberes emancipatórios e um sistematizador de conhecimentos sobre a questão racial no Brasil. Saberes transformados em reivindicações, das quais várias se tornaram políticas de Estado nas primeiras décadas do século XXI.

É sobre esse percurso do Movimento Negro que refleti junto ao Prof.-Dr. Boaventura de Sousa Santos e a equipe do Centro de Estudos Sociais (CES) da Universidade de Coimbra, Portugal, em 2006, durante a realização do meu primeiro pós-doutorado[1].

Os estudos realizados no primeiro pós-doutorado deram origem às outras investigações apresentadas aos órgãos de fomento, bem como as pesquisas que tenho desenvolvido, desde então, como bolsista de produtividade em pesquisa do CNPq. Também tem sido fruto de apresentação de trabalhos em congressos, seminários, minicursos, aulas na pós-graduação e graduação, conferências e artigos publicados em periódicos nacionais e internacionais, bem como da minha atuação na Associação Nacional de Pós-graduação e Pesquisa em Educação (Anped), Associação Brasileira de Pesquisadores Negros e Negras (ABPN), Associação Brasileira de Antropologia (ABA) e Associação Nacional de Política e Administração da Educação (Anpae)[2].

---

1 Agradeço, em especial, ao professor e querido amigo Boaventura de Sousa Santos pela supervisão do pós-doutorado, em 2006, pela acolhida como investigadora-associada do Centro de Estudos Sociais (CES) e pelos anos de trabalho e parceria. Agradeço às investigadoras Maria Paula Meneses e Marta Araújo (CES) pela interlocução e amizade iniciadas no pós-doutorado e que se mantêm até os dias de hoje. Sou grata, também, à querida amiga Élida Lauris, que conheci durante o período do pós-doutorado, tendo se tornado secretária-executiva do Ministério das Mulheres, da Igualdade Racial, da Juventude e dos Direitos Humanos durante a minha gestão, no governo da presidenta eleita Dilma Rousseff.

2 O projeto de pós-doutorado desenvolvido no Centro de Estudos Sociais, sob a supervisão do Prof.-Dr. Boaventura de Sousa Santos intitulava-se: *Movimento Negro, saberes e um pro-*

A tese central deste trabalho e a temática por ele privilegiada estimularam várias/vários colegas pesquisadoras/pesquisadores e o próprio Prof. Boaventura a me sugerirem que o estudo teórico do pós-doutorado fosse publicado com as atualizações devidas. Sugestão aceita. Eis aqui o resultado final, agora transformado em livro.

Quanto mais os setores conservadores, de direita, os ruralistas e os capitalistas se realinham nas relações sociais e de poder, provocando ainda maiores desigualdades, mais compreendo a força dos movimentos sociais nas lutas emancipatórias e pela democracia. Em especial, entendo ainda mais a trajetória de luta do Movimento Negro Brasileiro e a produção engajada da intelectualidade negra como integrantes do pensamento que se coloca contra os processos de colonização incrustados na América Latina e no mundo; movimento e intelectualidade negra que indagam a primazia da interpretação e da produção eurocentrada de mundo e do conhecimento científico. Questionam os processos de colonização do poder, do

---

jeto educativo emancipatório (2006). Dele decorreu uma série de outras investigações, sob a minha coordenação, algumas das quais com a participação de bolsistas de iniciação científica, pesquisadoras e pesquisadores do Programa Ações Afirmativas na UFMG e do Nera (Núcleo de Estudos e Pesquisas de Relações Étnico-raciais e Ações Afirmativas) e de outras instituições de Ensino Superior. São elas: Produtividade em Pesquisa CNPq: Educação para a diversidade – Movimento Negro e saberes (2006-2009). • Educação, diversidade étnico-racial e Movimento Negro: articulações entre conhecimentos e práticas sociais (2009-2012). • Educação, diversidade étnico-racial e Movimento Negro: articulações entre conhecimentos e práticas sociais (2010-2013). • Movimento Negro, conhecimento e pensamento pós-abissal (2013-2016). • Iniciação científica (CNPQ e Fapemig): Movimento Negro, saberes e educação para a diversidade (2007). • Edital Universal (CNPq): Relações étnico-raciais e produção do conhecimento – Novos atores políticos e acadêmicos (2012-2015).
2º projeto de pós-doutoramento: *Por uma epistemologia e uma pedagogia decolonial das relações étnico-raciais: desobediência epistêmica, africanidades brasileiras e pensamento pós-abissal.* O segundo pós-doutorado foi realizado no ano de 2017 na Ufscar, sob a supervisão da Profa.-Dra. Petronilha Beatriz Gonçalves e Silva e com os próprios recursos da pesquisadora. • Agradeço ao Conselho Nacional de Desenvolvimento Científico e Tecnológico (CNPq) e à Fundação de Amparo à Pesquisa de Minas Gerais (Fapemig) pelo apoio e recursos recebidos, mediante a apresentação de projetos aos seus diferentes editais.

ser e do saber presentes na estrutura, no imaginário social e pedagógico latino-americanos e de outras regiões do mundo.

Vivemos, no momento em que escrevo este livro, tempos de profundas mudanças econômicas e políticas no Brasil e na nossa democracia. Tempos de reorganização do capitalismo nacional e internacional e das lutas sociais. Nesse contexto, há quem pense que a força dos movimentos sociais está enfraquecida. Mas, pelo contrário. Eles continuam atuando como protagonistas políticos da emancipação social e como verdadeiros faróis que brilham em tempos tenebrosos, mostrando o caminho para aqueles que lutam pela emancipação social e pela democracia. Por isso, é importante que a memória e a história dos movimentos sociais não sejam perdidas[3].

Os movimentos sociais são produtores e articuladores dos saberes construídos pelos grupos não hegemônicos e contra-hegemônicos da nossa sociedade. Atuam como pedagogos nas relações políticas e sociais. Muito do conhecimento emancipatório produzido pela sociologia, antropologia e educação no Brasil se deve ao papel educativo desempenhado por esses movimentos, que indagam o conhecimento científico, fazem

---

3 Em 31/08/2016 o Senado Federal aprovou, numa votação em plenário, o *impeachment* da primeira mulher eleita presidenta do Brasil, Dilma Rousseff. A aprovação aconteceu mesmo sem comprovação de que a então presidenta tivesse cometido crime de responsabilidade fiscal, única possibilidade constitucional para se interromper um mandato presidencial no Brasil. Dessa irregularidade política e jurídica, assumiu o Poder Executivo um governo considerado ilegítimo, que passou a implementar, em articulação com a ala conservadora do Congresso Nacional, uma série de retrocessos nas políticas sociais e nos direitos trabalhistas conquistados pela população brasileira desde o século XX. O país passou a viver tempos duros de realinhamento da política capitalista e neoliberal, apoiado pela grande mídia, empresários, ruralistas e setores do judiciário. A esse processo nomeamos Golpe de Estado: parlamentar, midiático, jurídico, de classe, gênero, raça, e com uma orientação heteronormativa. Iniciativas políticas semelhantes têm acontecido em outros países da América Latina, cujo poder central estava nas mãos de grupos mais à esquerda que primavam pela implementação de políticas sociais e de combate à pobreza, e se recusavam a realizar as medidas de austeridade econômica impostas pelo capitalismo internacional.

emergir novas temáticas, questionam conceitos e dinamizam o conhecimento.

No caso do Movimento Negro Brasileiro mostrarei, neste estudo, como muito do que sabemos e do que tem sido desvelado sobre o papel da negra e do negro no Brasil, as estratégias de conhecimento desenvolvidas pela população negra, os conhecimentos sobre as relações raciais e as questões da diáspora africana, que hoje fazem parte das preocupações teóricas das diversas disciplinas das ciências humanas e sociais, só passaram a receber o devido valor epistemológico e político devido à forte atuação do Movimento Negro. Esse movimento social trouxe as discussões sobre racismo, discriminação racial, desigualdade racial, crítica à democracia racial, gênero, juventude, ações afirmativas, igualdade racial, africanidades, saúde da população negra, educação das relações étnico-raciais, intolerância religiosa contra as religiões afro-brasileiras, violência, questões quilombolas e antirracismo para o cerne das discussões teóricas e epistemológicas das Ciências Humanas, Sociais, Jurídicas e da Saúde, indagando, inclusive, as produções das teorias raciais do século XIX disseminadas na teoria e no imaginário social e pedagógico.

É também esse mesmo movimento social que fez e faz a tradução intercultural das teorias e interpretações críticas realizadas sobre a temática racial no campo acadêmico para a população negra e pobre fora da universidade, que articula, com intelectuais comprometidos com a superação do racismo, encontros, palestras, publicações, minicursos, *workshops*, projetos de extensão, ciclos de debates abertos à comunidade e que inspira, produz e ajuda a circular as mais variadas publicações, panfletos, *folders*, revistas, livros, sites, canais do YouTube, blogs, páginas do Facebook, álbuns, artes, literatura, poesia abordando a temática racial no Brasil em sintonia com a diáspora africana.

E também foi e tem sido esse mesmo movimento social o principal protagonista para que as ações afirmativas se transformassem em questão social, política, acadêmica e jurídica em nossa sociedade, compreendidas como políticas de correção de desigualdades raciais desenvolvidas pelo Estado brasileiro. É também o Movimento Negro responsável por trazer a arte, a corporeidade, o cabelo crespo, as cores da África para o campo da estética, da beleza, do reconhecimento e da representatividade.

Articulados às práticas e intervenções do Movimento Negro e sendo reeducados direta ou indiretamente por ele é possível encontrar, também no Brasil, vozes e corpos negros anônimos que atuaram e ainda atuam na superação do racismo e na afirmação da identidade, dos valores, do trabalho, da cultura e da vida da população negra, presentes no cotidiano da sociedade brasileira. São as negras e os negros em movimento: artistas, intelectuais, operários e operárias, educadoras e educadores, dentre outros, ou seja, cidadãs e cidadãos que possuem uma consciência racial afirmativa e lutam contra o racismo e pela democracia, mas não atuam necessariamente em uma entidade ou organização específica. Todos são, de alguma forma, herdeiros dos ensinamentos do Movimento Negro, o qual, por conseguinte, é herdeiro de uma sabedoria ancestral.

Uma coisa é certa: se não fosse a luta do Movimento Negro, nas suas mais diversas formas de expressão e de organização – com todas as tensões, os desafios e os limites –, muito do que o Brasil sabe atualmente sobre a questão racial e africana, não teria acontecido. E muito do que hoje se produz sobre a temática racial e africana, em uma perspectiva crítica e emancipatória, não teria sido construído. E nem as políticas de promoção da igualdade racial teriam sido construídas e implementadas[4].

A própria inclusão do racismo como crime inafiançável na Constituição Federal e a obrigatoriedade do estudo da história e cultura afro-brasileira e africana nas escolas públicas e particulares da educação básica não teriam se transformado em realidade, ajudando a todos nós, brasileiras e brasileiros, de todo e qualquer grupo étnico-racial, a superar a nossa ignorância sobre o racismo e seus efeitos nefastos, como também a reconhecer o protagonismo das negras e dos negros, que representam 53% da população que vive e constrói o nosso país.

O Brasil do século XXI tem um perfil étnico-racial mais diverso do que há séculos atrás. Sabemos que muito ainda precisa avançar. A luta não dá trégua. Mas não podemos desconsiderar que a sociedade brasileira, na atualidade, reconhece a existência do racismo e que os negros e as negras, aos poucos, ocupam mais espaços sociais, políticos e acadêmicos. E que

---

4 É importante reconhecer que as políticas de igualdade racial construídas nos últimos anos (2003-2016), e representadas pela Secretaria de Políticas de Promoção da Igualdade Racial (Seppir), nos governos dos presidentes Luiz Inácio Lula da Silva e Dilma Rousseff, e pelo posterior Ministério das Mulheres, da Igualdade Racial, da Juventude e dos Direitos Humanos (MMIJDH), no governo da Presidenta Dilma Rousseff, foram decisivos para a implementação, em nível de Estado, das políticas de promoção da igualdade racial e de uma inflexão nas estruturas estaduais, municipais e distritais dos governos. Lamentavelmente, a partir do golpe disfarçado de *impeachment*, que depôs a presidenta legitimamente eleita, Dilma Rousseff, em 31 de agosto de 2016, esses ministérios foram extintos, juntamente com outros que com eles realizavam uma parceria na construção de políticas sociais e transversais, como o Ministério do Desenvolvimento Social, o Ministério do Desenvolvimento Agrário e a Secretaria de Políticas para as Mulheres. Há que se reconhecer que, com desafios e limites, o Partido dos Trabalhadores (PT) tentou cumprir o acordo estabelecido com o Movimento Negro e os demais movimentos sociais de transformar algumas das suas reivindicações, frutos das lutas por emancipação sociorracial, em políticas de Estado. Tendo sido uma das ministras da Presidenta Dilma Rousseff, não poderia deixar de registrar esse reconhecimento e o agradecimento por ter feito parte da sua equipe. Contudo, reitero que se não fosse a atuação histórica do Movimento Negro tensionando e pressionando o Estado brasileiro e as esquerdas, o país não teria avançado na construção de políticas de igualdade racial e de superação do racismo.

conseguimos construir, a partir de 2003, políticas públicas de igualdade racial, bem como inserir o recorte étnico-racial – não sem resistências – nas várias políticas sociais existentes.

Vivemos em tempos de políticas de ações afirmativas nas universidades e nos concursos públicos. E isso mexe com as forças conservadoras, com o capital e com os grupos de poder. Mexe com o mercado de trabalho excludente e com os grupos que sempre ocuparam vagas de emprego, lugares de poder e liderança, como se fossem privilégios de alguns, e não direito social de todas e todos.

O Movimento Negro é um dos principais atores políticos que nos reeduca nessa caminhada e não nos deixa desistir da luta. Sempre inspirado e fortalecido pelo empoderamento ancestral que renova hoje e sempre as nossas forças e energias.

Por isso, apesar das adversidades e dos muitos desafios que enfrentamos no Brasil, na luta pela democracia e contra o capitalismo, o racismo e o patriarcado, temos de focar nas conquistas já alcançadas e seguir em frente. Não podemos perder a esperança. É preciso sabedoria e resistência democráticas.

1
O Movimento Negro Brasileiro como ator político

O Movimento Negro conquistou um lugar de existência afirmativa no Brasil. Ao trazer o debate sobre o racismo para a cena pública e indagar as políticas públicas e seu compromisso com a superação das desigualdades raciais, esse movimento social ressignifica e politiza a raça, dando-lhe um trato emancipatório e não inferiorizante[1].

No caso do Brasil, o Movimento Negro ressignifica e politiza afirmativamente a ideia de raça, entendendo-a como potência de emancipação, e não como uma regulação conservadora; explicita como ela opera na construção de identidades étnico-raciais.

Ao ressignificar a raça, esse movimento social indaga a própria história do Brasil e da população negra em nosso país, constrói novos enunciados e instrumentos teóricos, ideológicos, políticos e analíticos para explicar como o racismo brasileiro opera não somente na estrutura do Estado, mas também na vida cotidiana das suas próprias vítimas. Além disso, dá outra visibilidade à questão étnico-racial, interpretando-a como trunfo, e não como empecilho para a construção de uma

---

1 Retomo neste capítulo reflexões que vêm acompanhando a minha produção teórica há alguns anos e que se encontram em alguns artigos que constam nas referências bibliográficas.

sociedade mais democrática, onde todos, reconhecidos na sua diferença, sejam tratados igualmente como sujeitos de direitos.

Ao politizar a raça, o Movimento Negro desvela a sua construção no contexto das relações de poder, rompendo com visões distorcidas, negativas e naturalizadas sobre os negros, sua história, cultura, práticas e conhecimentos; retira a população negra do lugar da suposta inferioridade racial pregada pelo racismo e interpreta afirmativamente a raça como construção social; coloca em xeque o mito da democracia racial.

O Movimento Negro pode ser entendido como

> [...] a luta dos negros na perspectiva de resolver seus problemas na sociedade abrangente, em particular os provenientes dos preconceitos e das discriminações raciais, que os marginalizam no mercado de trabalho, no sistema educacional, político, social e cultural. **Para o Movimento Negro, a "raça", e, por conseguinte, a identidade étnico-racial, são utilizadas não só como elemento de mobilização, mas também de mediação das reivindicações políticas. Em outras palavras, para o Movimento Negro, a "raça" é o fator determinante de organização dos negros em torno de um projeto comum de ação** (DOMINGUES, 2007, p. 102; grifo nosso).

Santos (1994) apresenta uma concepção mais alargada de Movimento Negro. Para o autor, ele pode ser compreendido como um conjunto de ações de mobilização política, de protesto antirracista, de movimentos artísticos, literários e religiosos, de qualquer tempo, fundadas e promovidas pelos negros no Brasil como forma de libertação e de enfrentamento do racismo. Entre elas se encontram: entidades religiosas (como as comunidades-terreiro), assistenciais (como as confrarias coloniais), recreativas (como "clubes de negros"), artísticas (como os inúmeros grupos de dança, capoeira, teatro, poesia), culturais (como os diversos "centros de pesquisa") e políticas (como as diversas organizações do Movimento Negro e ONGs que visam à promoção da igualdade étnico-racial).

Domingues (2007) diverge do alargamento conceitual e temporal presente na definição de Santos (1994). Segundo ele, essa abrangência é problemática, sobretudo para a abordagem historiográfica. Sendo assim, Domingues define o Movimento Negro como movimento político de mobilização racial, mesmo que ele assuma, em alguns momentos, um viés fundamentalmente cultural.

Os autores anteriormente citados tentam definir o Movimento Negro com base nas vinculações disciplinares das quais fazem parte dentro do amplo campo das Humanidades. Outros autores e autoras construirão análises semelhantes ou divergentes. Trata-se de caminhos interpretativos diferentes para elucidar um mesmo fenômeno.

Não queremos nos prender a uma vasta discussão conceitual sobre o que é e o que não deve ser considerado como Movimento Negro. Importa-nos compreender a potência desse movimento social e destacar as dimensões mais reveladoras do seu caráter emancipatório, reivindicativo e afirmativo, que o caracterizam como um importante ator político e como um educador de pessoas, coletivos e instituições sociais ao longo da história e percorrendo as mais diversas gerações.

Entende-se como Movimento Negro as mais diversas formas de organização e articulação das negras e dos negros politicamente posicionados na luta contra o racismo e que visam à superação desse perverso fenômeno na sociedade. Participam dessa definição os grupos políticos, acadêmicos, culturais, religiosos e artísticos com o *objetivo explícito* de superação do racismo e da discriminação racial, de valorização e afirmação da história e da cultura negras no Brasil, de rompimento das barreiras racistas impostas aos negros e às negras na ocupação dos diferentes espaços e lugares na sociedade. Trata-se de um movimento que não se reporta de forma romântica à relação entre os negros brasileiros, à ancestralidade africana e ao continente africano da atualidade, mas reconhece os vínculos históricos, políticos e culturais dessa relação, compreendendo-a como integrante da complexa diáspora africana. Portanto, não basta apenas valorizar a presença e a participação dos negros na história, na cultura e louvar a ancestralidade negra e africana para que um coletivo seja considerado como Movimento Negro. É preciso que nas ações desse coletivo *se faça presente e de forma explícita uma postura política de combate ao racismo.* Postura essa que não nega os possíveis enfrentamentos no contexto de uma sociedade hierarquizada, patriarcal, capitalista, LGBTfóbica e racista.

Para fins deste estudo e para a compreensão do Movimento Negro como um importante ator político que constrói, sistematiza, articula saberes emancipatórios produzidos pela população negra ao longo da história social, política, cultural e educacional brasileira, destacaremos inicialmente algumas importantes ações do Movimento Negro, no campo educacional, em prol da superação do racismo.

A educação é o campo escolhido para as reflexões aqui realizadas devido ao fato de ser um direito social, arduamente conquistado pelos grupos não hegemônicos do Brasil e que durante muito tempo foi sistematicamente negado aos negros e às negras brasileiros. Na luta pela superação desse quadro de negação de direitos e de invisibilização da história e da presença de um coletivo étnico-racial que participou e participa ativamente da construção do país, o Movimento Negro, por meio de suas principais lideranças e das ações dos seus militantes, elegeu e destacou a educação como um importante espaço-tempo passível de intervenção e de emancipação social, mesmo em meio às ondas de regulação conservadora e da violência capitalista.

A educação não é um campo fixo e nem somente conservadora. Ao longo dos tempos é possível observar como o campo educacional se configura como um espaço-tempo inquieto, que é ao mesmo tempo indagador e indagado pelos coletivos sociais diversos. Enquanto espaço de formação humana e pelo qual passam as mais diferentes gerações, grupos étnico-raciais, pessoas de origens socioeconômicas diferentes, credos e religiões, é possível refletir que tanto os processos institucionais de educação (escolas de educação básica e universidades) quanto as experiências de educação popular, social, de jovens e adultos, diferenciada e antirracista, construídas no cotidiano e nos processos de lutas sociais, são repletos, ao mesmo tempo, de um dinamismo incrível e de uma tensão conservadora.

Para fins de uma organização das demandas e do olhar do Movimento Negro sobre a educação – entendendo-a como um direito conquistado pela população negra brasileira ao longo dos séculos – dialogaremos com as principais ações desenvolvidas por esse ator político no Brasil, a partir do início do século XX aos dias atuais.

Consideramos a importância das realizações do Movimento Negro na primeira metade do século XX, e algumas delas serão destacadas. No entanto, detalharemos mais as ações e as conquistas que emergiram a partir do contexto dos novos personagens que entraram em cena (SADER, 1988) a partir do final da década de 1970, ainda no período da ditadura militar[2].

---

2 É importante destacar a efervescência do Movimento Negro durante a ditadura militar. Osmundo Pinho (2003) nos alerta para a existência de diversos grupos em diferentes luga-

Ao comparar o Movimento Negro com os outros movimentos sociais que surgiram no mesmo período, Cardoso (2002) destaca a sua especificidade: a construção de outra interpretação histórica para se compreender a realidade da população negra e sua relação com a diáspora africana.

Somados a esse aspecto, é oportuno destacar ainda dois outros: (1) a centralidade dada pelo Movimento Negro à raça como construção social, acompanhada da sua ressignificação e politização, (2) e a explicitação da complexa imbricação entre as desigualdades sociais e raciais. A partir do final dos anos de 1970, o Movimento Negro, juntamente com alguns intelectuais negros e não negros, alertaram a sociedade e o Estado para o fato de que a desigualdade que atinge a população negra brasileira não é somente herança de um passado escravista, mas, sim, um fenômeno mais complexo e multicausal, produto de uma trama complexa entre o plano econômico, político e cultural (SILVÉRIO, 2002).

Essa interpretação da raça como estrutural e estruturante para se compreender a complexidade do quadro de discriminação e desigualdades no Brasil, realizada pelo Movimento Negro, aos poucos passa a ocupar espaço nas análises sociológicas e entre os formuladores de políticas públicas. Carneiro (2002, p. 7) argumenta que "os atuais dados da desigualdade racial conferem autoridade às denúncias dos movimentos negros contemporâneos sobre as diferenças de direitos e oportunidades existentes em nossa sociedade em prejuízo da população negra".

---

res do país. No Rio Grande do Sul destaca-se o Grupo Palmares, e em Campinas o Grupo Evolução, fundado por Thereza Santos e Eduardo Oliveira e Oliveira (1971). Cita também o Festival Comunitário Negro Zumbi (Feconezu), que existe desde 1978 em São Paulo; o Movimento Negro Unificado (MNU), fundado em 1978 em São Paulo, e de caráter nacional; o Instituto de Pesquisas e Estudos Afro-brasileiros (Ipeafro), fundado em 1980 em São Paulo; o Instituto de Pesquisa de Cultura Negra (IPCN), no Rio de Janeiro; a Sociedade de Estudo de Cultura Negra no Brasil (Secneb), entre outros.

Nessa perspectiva, Gonçalves e Silva (2000, p. 105) afirmam: "[...] sem esse ator coletivo jamais teríamos pautado o tema do racismo e da discriminação étnico-racial nas agendas políticas e da justiça brasileira".

O Movimento Negro é, portanto, um ator coletivo e político, constituído por um conjunto variado de grupos e entidades políticas (e também culturais) distribuídos nas cinco regiões do país. Possui ambiguidades, vive disputas internas e também constrói consensos, tais como: o resgate de um herói negro, a saber, Zumbi dos Palmares; a fixação de uma data nacional, o dia 20 de novembro; a necessidade de criminalização do racismo, o artigo 5º, inciso XLII da Constituição Federal de 1988, e o papel da escola como instrumento de reprodução do racismo (SILVA JÚNIOR, 2007).

1.1 Movimento Negro, ação política e educação

Não se pretende, aqui, realizar uma cronologia das ações desenvolvidas pelo Movimento Negro em prol da educação. Vários autores já se debruçaram sobre esse tema (GOMES, 2009, 2011; GONÇALVES, 2011; LIMA, 2010; PEREIRA, 2008; DOMINGUES, 2007; CRUZ, 2005; GONÇALVES & SILVA, 2000, entre outros). Como já foi anunciado, selecionaremos aquelas consideradas centrais para os objetivos deste livro, por meio de um recorte temporal que privilegia o que ocorreu a partir do século XX. Contudo, para refletir sobre as ações, denúncias e conquistas desse movimento social, não se pode deixar de considerar um período intermediário de mudanças significativas na vida da população negra, em particular, e do Brasil em geral, a saber, a transição do século XIX para o século XX, marcada pela abolição da escravatura (1888) e a Proclamação da República (1889).

As ações aqui destacadas são consideradas como constituintes da experiência social. Por isso, não são vistas como um mero rol de atividades, mas, sim, como conhecimentos e produtoras de conhecimentos. Parte-se da premissa de que o Movimento Negro, assim como outros movimentos sociais, ao agir social e politicamente, reconstrói identidades, traz indagações, ressignifica e politiza conceitos sobre si mesmo e sobre a realidade social.

Santos (2009) afirma que toda experiência social produz conhecimento. Ao fazê-lo, pressupõe uma ou várias epistemologias. Por epistemologia entende-se toda noção ou ideia, refletida ou não, sobre as condições do que conta como conhecimento válido. E é por via do conhecimento válido que uma dada experiência social se torna intencional ou inteligível. De acordo com o autor, não existe conhecimento sem práticas e atores sociais. E como umas e outros não existem senão no interior das relações sociais, diferentes tipos de relações sociais podem dar origem a diferentes tipos de epistemologias.

Nessa perspectiva, qualquer conhecimento válido é sempre contextual, tanto em termos de diferença cultural quanto em termos de diferença política. As experiências sociais são constitutivas de vários conhecimentos, cada um com seus critérios de validade, ou seja, são construídas por conhecimentos rivais (SANTOS, 2009). O Movimento Negro, entendido como sujeito político produtor e produto de experiências sociais diversas que ressignificam a questão étnico-racial em nossa história, é reconhecido, nesse estudo, como sujeito de conhecimento.

Domingues (2008), ao tematizar as ações desencadeadas pelo Movimento Negro, afirma que o pós-abolição da escravatura, em 1888, e a Proclamação da República, em 1889, são um período marcante para o futuro dos negros brasileiros. Deixar de ser um "ex-escravo" ou liberto para ser cidadão, ter direitos iguais, não ser visto como inferior e vivenciar a cidadania plena era o sonho perseguido pela população negra da época, sobretudo os setores mais organizados. Entre as suas reivindicações, a educação se tornou prioritária, pois o analfabetismo e a lenta inserção nas escolas oficiais se constituíam um dos principais problemas dessa população para a inserção no mundo do trabalho.

A imprensa negra paulista, com suas diferentes perspectivas, pode ser considerada como produtora de saberes emancipatórios sobre a raça e as condições de vida da população negra. Desde os primeiros anos do século XX até meados dos anos de 1960, alguns jornais que circularam à época foram: *O Xauter* (1916), *Getulino* (1916-1923), *O Alfinete* (1918-1921), *O Kosmos* (1924-1925), *O Clarim d'Alvorada* (1929-1940), *A Voz da Raça* (1933-1937), *Tribuna Negra* (1935), *O Novo Horizonte* (1946-1954), *Cruzada Cultural* (1950-1966), entre outros.

A imprensa negra rompe com o imaginário racista do final do século XIX e início do século XX que, pautado no ideário do racismo científico, atribuía à população negra o lugar de inferioridade intelectual. Os jornais tinham um papel educativo, informavam e politizavam a população negra sobre os seus próprios destinos rumo à construção de sua integração na sociedade da época.

De acordo com Santos e Salvadori ([s.d.], p. 3.613), "parte significativa dos jornais da imprensa negra utilizava-se do termo raça para se referir à população negra". Os autores ainda analisam a importância conferida à educação por esses jornais, principalmente aquela difundida no seio familiar, o que evidencia a preocupação e a necessidade dessa população em conquistar espaços numa sociedade rigidamente hierarquizada e preconceituosa. Várias matérias vinculavam a ideia da ascensão social do negro via educação. Nesse sentido, é possível discutir o papel da imprensa negra enquanto instrumento de luta dos negros frente à sociedade estabelecida.

É sempre importante retomar o papel da Frente Negra Brasileira. Essa associação de caráter político, informativo, recreativo e beneficente surgiu em São Paulo, em 1931, com intenções de se tornar uma articulação nacional. Composta por vários departamentos, promovia a educação e o entretenimento de seus membros, além de criar escolas e cursos de alfabetização de crianças, jovens e adultos. Visava, também, a integração dos negros na vida social, política e cultural, denunciando as formas de discriminação racial existentes na sociedade brasileira daquele período. Em 1936, transformou-se em partido político. Porém, acabou extinto em 1937, devido ao decreto assinado por Getúlio Vargas que colocava na ilegalidade todos os partidos políticos. A Frente Negra pode ser considerada, também, como uma articuladora, sistematizadora de saberes emancipatórios, principalmente os políticos, sobre a realidade dos negros brasileiros da época.

O Teatro Experimental do Negro (TEN) (1944-1968) nasceu para contestar a discriminação racial, formar atores e dramaturgos negros e resgatar a herança africana na sua expressão brasileira. O TEN alfabetizava seus primeiros participantes, recrutados entre operários, empregados domésticos, favelados sem profissão definida, modestos funcionários públicos, e oferecia-lhes uma nova atitude, um critério próprio que os habilitava também a indagar o espaço ocupado pela população negra no contexto nacional. O TEN também publicou o jornal *Quilombo* (1948-1950), que apresentava em todos os números a declaração do "Nosso Programa". A reivindicação do ensino gratuito para todas as crianças brasileiras, a admissão subvencionada de estudantes negros nas instituições de ensino secundário e universitário – onde esse segmento étnico-racial não entrava devido à imbricação entre discriminação racial e pobreza –, o combate ao racismo com base em medidas culturais e de ensino e o esclarecimento de uma imagem positiva do negro ao longo da história eram pontos importantes do programa educacional dessa organização (NASCIMENTO, 2004). O TEN deixou herdeiros e saberes. A luta pela visibilidade dos negros e das negras na cena artística e cultural, na literatura e na mídia continua até hoje.

A atuação do Movimento Negro também se deu nos fóruns decisivos da política educacional. Reivindicada pelas organizações negras desde o início do século XX, a inclusão dos negros na escola pública aparecia como recurso argumentativo nos debates educacionais dos anos de 1940 e 1960. Dias (2005) analisa a presença da discussão sobre a raça no processo de tramitação da primeira Lei de Diretrizes e Bases da Educação, a saber, a Lei 4.024/61. Segundo a autora, o termo chegou até mesmo a constar de forma genérica no texto legal.

No entanto, apesar de ter feito parte das polêmicas e debates em torno da aprovação da referida lei, a raça operou mais como recurso discursivo na defesa dos ideais universalistas de uma educação para todos vigente na época. Uma análise mais detida dos diferentes documentos sobre a tramitação do texto legal permite inferir que naquele momento a dimensão da raça era considerada, juntamente com a classe, um fator de diferenciação no processo de escolaridade. Porém, não se falava de forma explícita se a população negra seria ou não a principal destinatária da escola pública e gratuita (DIAS, 2005).

Ainda segundo Dias (2005), após a instauração da ditatura militar em 1964 e a promulgação da LDB da época (Lei 5.692/71), a questão racial perdeu lugar nos princípios que regiam a educação nacional. Sua centralidade só foi retomada na nova LDB (Lei 9.394/96) com a inclusão dos artigos 26-A e 79-B pela Lei 10.639/03.

Foi também no final dos anos de 1970 que, devido à confluência de determinados fatores de discriminação racial e de racismo ocorridos durante a ditadura militar, várias entidades do Movimento Negro se articularam de forma inédita e fundaram uma organização de caráter nacional. Em 18 de junho de 1978, em São Paulo, surgiu o Movimento Unificado Contra a Discriminação Étnico-Racial (MUCDR). Ele foi rebatizado posteriormente como Movimento Negro Unificado (MNU), em dezembro de 1979, nome que conserva até hoje (PINHO, 2003). Essa organização de caráter nacional elege a educação e o trabalho como duas importantes pautas na luta contra o racismo. O MNU talvez seja o principal responsável pela formação de uma geração de intelectuais negros que se tornaram referência acadêmica na pesquisa sobre relações étnico-raciais no Brasil.

A partir dos anos de 1980, com o processo de reabertura política e redemocratização do país (Assembleia Nacional Constituinte, promulgação da Constituição Federal de 1988), outro perfil de Movimento Negro passou a se configurar, com ênfase especial na educação. Alguns ativistas conseguiram concluir a graduação e, com a expansão paulatina da pós-graduação em educação, cursaram o mestrado e, futuramente, o doutorado. Alguns deles iniciaram uma trajetória acadêmico-política como intelectuais engajados e focaram suas pesquisas na análise do negro no mercado de trabalho (GONZÁLEZ & HASENBALG, 1981) e no racismo presente nas práticas e rituais escolares

(GONÇALVES, 1985), analisaram estereótipos raciais nos livros didáticos (SILVA, 1995), desenvolveram pedagogias e currículos específicos, com enfoque multirracial e popular (LIMA, 2010) e discutiram a importância do estudo da história da África nos currículos escolares (CUNHA JUNIOR, 1997).

É possível dizer que até a década de 1980 a luta do Movimento Negro, no que se refere ao acesso à educação, possuía um discurso mais universalista. Porém, à medida que este movimento foi constatando que as políticas públicas de educação, de caráter universal, ao serem implementadas, não atendiam à grande massa da população negra, o seu discurso e suas reivindicações começaram a mudar. Foi nesse momento que as ações afirmativas, que já não eram uma discussão estranha no interior da militância, emergiram como uma possibilidade e passaram a ser uma demanda real e radical, principalmente a sua modalidade de cotas.

Os anos de 1990 foram palco de efervescência social, política e econômica nacional e internacional. A América Latina passou, naquele momento, por ampla reforma constitucional. Em meio às pressões das políticas neoliberais, os movimentos sociais buscavam a reconstrução do Estado democrático de direito depois das duas décadas de autoritarismo, de meados da década de 1960 a meados da de 1980. As reformas constitucionais de alguns países, à época, trouxeram como novidade a concepção de sociedades e nações pluriétnicas e multiculturais (GUIMARÃES, 2003).

A partir da segunda metade dos anos de 1990, a raça ganhou outra centralidade na sociedade brasileira e nas políticas de Estado. A sua releitura e ressignificação emancipatória construída pelo Movimento Negro extrapola os fóruns da militância política e o conjunto de pesquisadores interessados no tema. Dentre as diversas ações do Movimento Negro nesse período destaca-se, em 1995, a realização da "Marcha Nacional Zumbi dos Palmares contra o Racismo, pela Cidadania e a Vida", em Brasília, no dia 20 de novembro. Como resultado, foi entregue ao presidente da República da época, Fernando Henrique Cardoso, o "Programa para superação do racismo e da desigualdade étnico-racial". Neste, a demanda por ações afirmativas já se fazia presente como proposição para a educação superior e o mercado de trabalho[3].

A culminância do processo de inflexão na trajetória do Movimento Negro Brasileiro aconteceu nos anos de 2000, momento este que pode ser compreendido como de confluência de várias reivindicações desse movimento social acumuladas ao longo dos anos. Como é consenso entre os pesquisadores, um fato marcante foi a participação do Movimento Negro na preparação e durante a III Conferência Mundial contra o Racismo, a Discriminação Racial, a Xenofobia e Formas Correlatas de Intolerância, promovida pela Organização das Nações Unidas (ONU), de 31 de agosto a 8 de setembro de 2001, em Durban, África do Sul. Ao ser signatário do Plano de Ação de Durban, o Estado brasileiro reconheceu internacionalmente a existência institucional do racismo em nosso país e se comprometeu a construir medidas para sua superação. Entre elas, as ações afirmativas na educação e no trabalho.

A partir dos anos de 2000, o Movimento Negro intensificou ainda mais o processo de ressignificação e a politização da raça, levando a mudanças internas na estrutura do Estado como, por exemplo, a criação da Secretaria de Políticas de Pro-

---

3 No governo do então Presidente Fernando Henrique Cardoso foi criado o Grupo de Trabalho Interministerial para Valorização da População Negra, em 27 de fevereiro de 1996. Também foram elaborados os PCNs (Parâmetros Curriculares Nacionais), um projeto desenvolvido pelo MEC durante os anos de 1995 e 1996 e que culminou com a sua aprovação pelo Conselho Nacional de Educação. Dentre os temas transversais dos PCNs se encontra a Pluralidade Cultural, na qual as questões da diversidade foram contempladas ainda dentro de uma perspectiva universalista de educação.

moção da Igualdade Racial (Seppir), em 2003. Além disso, várias universidades públicas passaram a adotar medidas de ações afirmativas como forma de acesso, em especial, às cotas raciais. Cabe destacar que as políticas de ações afirmativas fazem parte das discussões internas desse movimento social desde os tempos da atuação política de Abdias do Nascimento (1914-2011) e, paulatinamente, passaram a ocupar um lugar de destaque na sua pauta de reivindicações.

Essas mudanças atingem também o plano acadêmico. Em 2000 foi fundada a Associação Brasileira de Pesquisadores Negros (ABPN), responsável pela realização do Congresso Brasileiro de Pesquisadores Negros (Copene), o qual se encontra em sua nona edição (2017). A ABPN surgiu para congregar pesquisadores negros e não negros que estudam as relações raciais e demais temas de interesse da população negra, produzir conhecimento científico sobre a temática racial e construir academicamente um lugar de reconhecimento das experiências sociais do Movimento Negro como conhecimentos válidos[4].

Em 2004 foi criada, no Ministério da Educação, a Secretaria de Educação Continuada, Alfabetização e Diversidade (Secad). Com avanços, limites e tensões, a reivindicação histórica de articulação entre direito à educação e diversidade oriunda dos movimentos sociais e, particularmente, do Movimento Negro, ganha visibilidade na estrutura organizacional desse ministério.

Foi também no início do terceiro milênio que uma demanda educacional do Movimento Negro desde os anos de 1980 foi finalmente contemplada. Em 2003 foi sancionada a Lei 10.639/03, incluindo os artigos 26-A e 79-B da LDB e tornando

---

4 Para saber mais, consulte www.abpn.org.br

obrigatório o ensino de história e cultura afro-brasileira e africana nas escolas públicas e privadas dos ensinos Fundamental e Médio. Regulamentada pelo Parecer CNE/CP 03/04 e pela Resolução CNE/CP 01/04, essa lei foi novamente alterada pela Lei 11.645/08, com a inclusão da temática indígena.

Atualmente, no plano educacional, algumas das reivindicações históricas do Movimento Negro para a educação foram transformadas em políticas do Ministério da Educação (MEC), leis federais, decisões do Congresso Nacional e do Supremo Tribunal Federal.

É possível perceber que o Estado brasileiro, ao reconhecer a imbricação entre desigualdades e diversidade, vem incorporando, aos poucos, a raça de forma ressignificada em algumas de suas ações e políticas, especialmente na educação. Concordando com Gonçalves e Silva (2000), é possível afirmar que a sociedade brasileira não teria chegado a esse momento se não fosse a histórica atuação do Movimento Negro. Contudo, cabe ponderar que o processo de implementação de tais leis e políticas nem sempre corresponde à radicalidade emancipatória das reivindicações que o originaram.

Entendendo as experiências sociais como produtoras de conhecimentos válidos (SANTOS, 2009), citamos ainda outras iniciativas oriundas do Estado, a partir dos anos de 2000, com enfoque na educação, e que podem ser consideradas como resultado direto ou indireto das proposições do Movimento Negro. Cada uma mereceria um estudo detalhado sobre sua elaboração, tramitação, as articulações, disputas e consensos construídos para sua aprovação, a reação do Estado, da sociedade, das instituições educativas e da mídia, o que ainda será feito em um outro estudo.

Apesar dos dissensos que tais iniciativas provocam em alguns setores da sociedade e do próprio Estado, bem como a implementação ainda irregular de algumas delas, é importante destacá-las. Citamos: o Plano Nacional de Implementação das Diretrizes Curriculares Nacionais da Educação das Relações Étnico-raciais e para o Ensino de História e Cultura Afro-brasileira e Africana (2009); a inserção da questão étnico-racial, entre as outras expressões da diversidade, no documento final da Conferência Nacional da Educação Básica (Coneb), em 2008, e da Conferência Nacional de Educação (Conae), em 2010 e 2014; a inserção, mesmo que de forma transversal e dispersa, da questão étnico-racial e quilombola nas estratégias do projeto do Plano Nacional de Educação (PNE); a Lei Federal 12.288 de 2010, que institui o Estatuto da Igualdade Racial; a aprovação do princípio constitucional da ação afirmativa pelo Supremo Tribunal Federal, no dia 26 de abril de 2012; a sanção pela então presidenta da República, Dilma Rousseff, da Lei 12.711, de 29 de agosto de 2012, que dispõe sobre cotas sociais e raciais para ingresso nas universidades federais e nas instituições federais de ensino técnico de Nível Médio; a aprovação das Diretrizes Curriculares Nacionais para a Educação Escolar Quilombola – Parecer CNE/CEB 16/12 e Resolução CNE/CEB 08/12 pelo Conselho Nacional de Educação (CNE); e a sanção da Lei 12.990, de 9 de junho de 2014, que reserva aos negros 20% das vagas oferecidas nos concursos públicos para provimento de cargos efetivos e empregos públicos no âmbito da administração pública federal, das autarquias, das fundações públicas, das empresas públicas e das sociedades de economia mista controladas pela União.

Essa rápida retrospectiva das demandas e realizações do Movimento Negro em prol da educação no Brasil e a sua transformação em respostas do Estado por meio de políticas públicas e demais ações institucionais revelam o protagonismo desse movimento social como um ator político e um educador. Ator político que produz, constrói, sistematiza e articula saberes emancipatórios produzidos pelos negros e negras ao longo da sua trajetória na sociedade brasileira. Tais ações têm como foco a população negra, mas não se restringem a ela. Visam à construção da sociedade e da educação como espaços/tempos mais igualitários, democráticos e justos para todos.

O Movimento Negro ressignifica e politiza a raça, compreendendo-a como construção social. Ele reeduca e emancipa a sociedade, a si próprio e ao Estado, produzindo novos conhecimentos e entendimentos sobre as relações étnico-raciais e o racismo no Brasil, em conexão com a diáspora africana.

Essas ações se encontram em um campo mais complexo: à medida que o Movimento Negro aprimora a sua luta por emancipação social e pela superação do racismo, mais se intensifica a variedade de formas de opressão e de dominação contra as quais ele tem de se contrapor, bem como se amplia a multiplicidade de escalas (local, nacional e transnacional) das lutas em que ele se envolve (SANTOS, 2006). Esse processo exige a construção de outras formas de organização política, que produzirão novos conhecimentos e pedagogias (ARROYO, 2011). São questões presentes na trajetória do Movimento Negro e que nos colocam diante do desafio de entender ainda mais a complexa relação entre diversidade, desigualdade e relações étnico-raciais no Brasil.

Com o compromisso de ampliar o debate, adensar a análise, trazer novas interrogações e, principalmente, de reconhecer o papel do Movimento Negro na construção de um projeto educativo emancipatório dialogaremos com as reflexões realizadas sobre esse ator político e os processos de produção de saberes, de emancipação-regulação no contexto da educação e da sociedade capitalista. No decorrer do texto, os saberes estético-corpóreos receberão uma atenção especial.

É nossa intenção apontar algumas novas pistas que ajudem avançar ainda mais as reflexões educacionais, sociológicas e antropológicas sobre os saberes produzidos pela população negra e sistematizados por esse movimento social.

Como pano de fundo, além das produções já realizadas por intelectuais negros e não negros sobre educação, movimentos sociais, Movimento Negro e educação antirracista, articularemos as nossas reflexões com os estudos realizados pelo sociólogo Boaventura de Sousa Santos, com enfoque nas suas indagações sobre o conhecimento científico, os processos de regulação-emancipação do conhecimento, a sociologia das ausências e das emergências, as ecologias de saberes, as epistemologias do Sul e o pensamento pós-abissal. Esse será o foco dos capítulos seguintes.

2
Pedagogias que emergem

Apesar da grande participação dos movimentos sociais como forma de organização da sociedade civil e de pressão sobre o Estado, nem todos ganharam a mesma visibilidade social, política e acadêmica no cenário brasileiro. Além disso, no contexto das pesquisas e análises sobre os movimentos sociais realizadas pelas Ciências Sociais e pela Educação no Brasil, algumas dessas formas de organização têm merecido mais destaque e interpretação teórica do que outras, tais como o Movimento Operário, o Movimento Sindical, o Movimento Docente, o Movimento dos Trabalhadores Sem Terra, entre outros. Esse processo tem possibilitado a construção de ausências no campo da produção científica sobre os movimentos sociais.

A percepção dessa ausência não acontece por acaso. Questioná-la poderá ser um caminho interessante para a mudança do enfoque das pesquisas sobre os movimentos sociais, sobretudo no campo educacional. A realização de estudos que tenham como objetivo a problematização desse processo lacunar e o levantamento de alternativas para o mesmo pode ser vista como uma tentativa de construir uma "sociologia das ausências e das emergências" inspirada no sociólogo Boaventura de Sousa Santos (2004).

A sociologia das ausências consiste numa investigação que visa demonstrar que aquilo que não existe é, na realidade, ativamente produzido como não existente, isto é, como uma alternativa não credível ao que existe. O objetivo da sociologia das ausências é transformar as ausências em presenças. Mas como se dá a produção da não existência? De acordo com Santos (2004), não há uma única maneira de não existir, uma vez que são várias as lógicas e os processos por meio dos quais a razão metonímica (obsessão pela totalidade, lógica dicotômica) produz a não existência do que não cabe na sua totalidade e no seu tempo linear. Há produção de não existência sempre que determinada entidade é desqualificada e tornada invisível, ininteligível ou descartável de modo irreversível. O que unifica as diferentes lógicas da produção da não existência é serem todas elas manifestações de uma monocultura racional.

A sociologia das emergências consiste em substituir o vazio do futuro segundo o tempo linear por um futuro de possibilidades plurais, concretas, simultaneamente utópicas e realistas, que vão se construindo no presente mediante atividades de cuidado. Segundo Santos (2004), o conceito que preside essa sociologia é o *ainda não*, proposto por (Ernst) Bloch (1995). Objetivamente, o *ainda não* é, por um lado, capacidade (potência), e, por outro, possibilidade (potencialidade). A possibilidade é o movimento do mundo. Sendo assim, a sociologia das emergências é a investigação das alternativas que cabem no horizonte das possibilidades concretas. Ela amplia o presente, juntando ao real amplo as possibilidades e as expectativas futuras que ele comporta. Nesse caso, a ampliação do presente implica a contração do futuro na medida em que o *ainda não*, longe de ser um futuro vazio e infinito, é um futuro concreto, sempre incerto e sempre em perigo.

Ainda de acordo com Santos (2004), a sociologia das emergências consiste em proceder uma ampliação simbólica dos saberes, das práticas e dos agentes, de modo a identificar neles as tendências de futuro (o *ainda não*) sobre as quais é possível atuar para maximizar a probabilidade de esperança em relação à probabilidade da frustração. Essa ampliação simbólica é, no fundo, uma forma de imaginação sociológica que visa a um duplo objetivo: de um lado, conhecer melhor as condições de possibilidade da esperança; de outro, definir princípios de ação que promovam a realização dessas condições. O elemento subjetivo da sociologia das emergências é a consciência antecipatória e o inconformismo ante uma carência cuja satisfação está no horizonte de possibilidades, por isso ela se move no campo das expectativas sociais.

Ao eleger o Movimento Negro Brasileiro e sua relação com a educação como foco do nosso estudo, adotamos a sociologia das ausências e das emergências (inspirados nas reflexões de Boaventura de Sousa Santos) e, a partir dela, desenvolvemos o procedimento teórico-epistemológico que chamaremos aqui de *pedagogia das ausências e das emergências*. É nosso objetivo fazer emergir o protagonismo do Movimento Negro na relação educação e movimentos sociais.

Partimos do pressuposto de que o Movimento Negro, enquanto forma de organização política e de pressão social – não sem conflitos e contradições – tem se constituído como um dos principais mediadores entre a comunidade negra, o Estado, a sociedade, a escola básica e a universidade. Ele organiza e sistematiza saberes específicos construídos pela população negra ao longo da sua experiência social, cultural, histórica, política e coletiva.

Os projetos, os currículos e as políticas educacionais têm dificuldade de reconhecer esses e outros saberes produzidos pelos movimentos sociais, pelos setores populares e pelos grupos sociais não hegemônicos. No contexto atual da educação, regulada pelo mercado e pela racionalidade científico-instrumental, esses saberes foram transformados em não existência; ou seja, em ausências.

Há, entretanto, um contexto mais amplo no qual esta reflexão está localizada. Ela pode ser considerada como um exercício de *imaginação pedagógica* da autora na busca de respostas a perguntas simples que talvez o campo da educação, nos últimos anos, tenha colocado em segundo plano: A educação, entendida como processo de humanização, tem sido sempre uma experiência edificante? É possível educar para a diversidade em uma sociedade marcada pelo colonialismo, pelo capitalismo, pelo machismo e pelo racismo? Se os movimentos sociais reeducam a sociedade e a escola, que saberes eles têm trazido para o campo educacional? Qual tem sido o lugar ocupado por esses saberes no cotidiano da escola, dos currículos e das políticas educacionais no século XXI? Afinal, que caminho poderia ser trilhado para se construir uma nova teoria crítica na educação que se debruce com seriedade sobre as questões aqui colocadas?

Muito do caminho trilhado por Boaventura de Sousa Santos na construção de uma nova teoria crítica nas ciências sociais, a partir da sua crítica à modernidade ocidental e ao tipo de ciência por ela (e nela) produzido, também pode ser percorrido para se pensar e construir uma nova teoria crítica educacional[5]. No entanto, os resultados poderão e certamente serão

---

5 O autor concebe a modernidade ocidental como um paradigma sociocultural que se constitui a partir do século XVI e se consolida entre finais do século XVIII e meados do século XIX. Na modernidade, o mesmo autor distingue dois pilares em tensão dialética: o pilar da regulação social e o da emancipação social. A maneira como tais pilares são por ele concebidos adequa-se às realidades europeias dos países mais avançados, mas não às sociedades extraeuropeias, para onde se expandiu a Europa (SANTOS, 2002a, p. 14).

diferentes e, dessa forma, talvez alguns conceitos tenham que ser redimensionados ou deverão ser reformulados na tentativa de aproximá-los à especificidade do contexto latino-americano, brasileiro e educacional.

O encontro com os estudos de Boaventura de Sousa Santos, embora o mesmo não seja um teórico da educação, possui várias explicações. Gostaria de citar algumas delas, consideradas, nesse momento, como as principais: inquietude epistemológica e política desse autor diante do mundo, a sua atitude inconformista diante da realidade social e a sua aposta nos processos de emancipação social. Estas características o aproximam da visão de Paulo Freire, na sua concepção de educação como humanização, como problema social e também pedagógico. É nesse contexto que Paulo Freire entendia o papel da escola. Segundo Arroyo,

> Paulo nos coloca o saber sobre nós como a questão, como o problema pedagógico. Nós mesmos, nossa condição humana como problema. Lutar pela humanização, fazer-nos humanos é a grande tarefa da humanidade. Aí Paulo situa toda a tarefa pedagógica: contribuir com a humanização. Este é o sentido do fazer educativo. Este o sentido de tantas renúncias feitas pela infância, adolescência e juventude popular para permanecer na escola, para dividir tempos de escola e de trabalho. Este é o sentido de esperar melhorar da vida, de sair dessa vida aperreada, indigna de gente. A escola como um tempo mais humano, humanizador, esperança de uma vida menos inumana (ARROYO, 2002, p. 240).

Mas não se trata, aqui, de uma utopia alienante. O mesmo Paulo Freire analisa que os processos de humanização trazem consigo a desumanização. Mas isso não significa, para esse autor, perda da esperança. Por detrás dos movimentos de rebelião e de protesto existentes no mundo, sobretudo nos anos 60 do século XX, Paulo Freire percebia manifestações de humanização, busca de humanização, de um compromisso ético do mundo com os grupos oprimidos. E era capaz de colocar a educação no cerne dessas tensões. Uma pedagogia do oprimido, nos dizeres de Paulo Freire e, quem sabe, hoje, uma pedagogia das ausências[6], levando essa reflexão para os caminhos epistemológicos trilhados por Boaventura de Sousa Santos.

Segundo Freire (1987),

> constatar esta preocupação (com a humanização) implica, indiscutivelmente, reconhecer a desumanização, não apenas como viabilidade ontológica, mas como realidade histórica. É também, e talvez sobretudo, a partir dessa dolorosa constatação que os homens se perguntam sobre a outra viabilidade – a de sua desumanização. Ambas na raiz de sua inconclusão os inscrevem num permanente movimento de busca (p. 241).

Poderíamos dizer que há, na obra de Paulo Freire, a utopia enquanto busca, enquanto algo realizável que luta para se realizar no presente, mapeando com prudência os caminhos possíveis dentro de um campo de possibilidades. Há também uma interpretação a respeito do futuro, visto como algo realizável, e da educação como projeto emancipatório possível. Essa é a perspectiva que orienta este estudo.

Nesse sentido, guardadas as devidas especificidades de cada um dos autores, poderíamos dizer que Boaventura de Sousa Santos (2002) e Paulo Freire (1987) constroem as suas re-

---

6 As indagações aqui realizadas ao campo da educação tentam seguir a mesma linha dos questionamentos de Boaventura de Sousa Santos ao refletir sobre o lugar do conhecimento científico na sociedade atual. Trata-se, também, de uma postura de vigilância epistemológica (e pedagógica) que implica riscos. Não podemos dizer que tais indagações são hegemônicas no pensamento educacional. Talvez ainda se encontrem muito mais no discurso sobre a educação do que nas pesquisas e nas práticas educativas.

flexões epistemológicas, políticas e sociais apostando na possibilidade de *reversão do contexto de espera sem esperança para a recuperação da esperança.*

> Há, aqui, uma produção do conhecimento que partilha da utopia vista como realismo desesperado, de uma espera que se permite lutar pelo conteúdo da espera; não em geral, mas no exato lugar e tempo em que se encontra. Uma esperança que reside como possibilidade de criar campos de experimentação social onde seja possível resistir localmente às evidências da inevitabilidade, promovendo com êxito alternativas que parecem utópicas em todos os tempos e lugares, exceto naqueles em que ocorreram efetivamente. É este o realismo utópico que preside as iniciativas dos grupos oprimidos que, num mundo onde parece ter desaparecido a alternativa, vão construindo, um pouco por toda a parte, alternativas locais que tornam possível uma vida digna e decente (SANTOS, 2002).

Com todos os conflitos, avanços e limites, a *utopia vista como realismo desesperado* tem sido a orientação da luta do Movimento Negro na sociedade e na educação brasileira como um produtor de saberes emancipatórios.

3
O Movimento Negro e os saberes

Como já foi destacado, o Movimento Negro contemporâneo, enquanto movimento social, pode ser compreendido como um novo sujeito coletivo e político que, juntamente com os outros movimentos sociais, emergiu de forma mais orgânica na década de 1970 no cenário brasileiro. Enquanto sujeito coletivo, esse movimento é visto na mesma perspectiva de Sader (1988), ou seja, como uma coletividade onde se elaboram identidades e se organizam práticas através das quais se defendem interesses, expressam-se vontades e constituem-se identidades, marcados por interações, processos de reconhecimento recíprocos, com uma composição mutável e intercambiável. Enquanto sujeito político, esse movimento produz discursos, reordena enunciados, nomeia aspirações difusas ou as articula, possibilitando aos indivíduos que dele fazem parte reconhecerem-se nesses novos significados. Abre-se espaço para interpretações antagônicas, nomeação de conflitos, mudança no sentido das palavras e das práticas, instaurando novos significados e novas ações.

Mas há especificidades no terreno comum dos novos movimentos sociais que entram em cena no Brasil na década de 1970. Segundo Marcos Cardoso (2002), no caso do Movimento Negro, o que marca uma profunda diferença entre este e o conjunto dos demais movimentos sociais e populares nessa época é a *história*.

Segundo esse autor, para o Movimento Negro, o cotidiano da população negra é determinado pela estrutura do racismo na sociedade brasileira. Ao emergir no cenário nacional e político destacando a especificidade da luta política contra o racismo, o Movimento Negro buscou na história a chave para compreender a realidade do povo negro brasileiro. Assim, a necessidade de negar a história oficial e de contribuir para a construção de uma nova interpretação da trajetória dos negros no Brasil são aspectos que distinguem o Movimento Negro dos demais movimentos sociais e populares da década de 1970. O Movimento Negro é, portanto, fruto de uma "negatividade histórica", nos dizeres de Wilson Nascimento e Joel Rufino dos Santos (1994):

> O Movimento Negro se radica na tradição comum, ele busca da tradição os elementos que permitam perceber a si próprio. Simultaneamente, ele é a afirmação de uma negatividade histórica, de um papel desempenhado na história. Ele é a busca de um outro si mesmo, para além da alteridade desse outro presente, que não é de si (p. 46).

Concordo com Cardoso (2002) que a emergência do Movimento Negro como um novo personagem na cena brasileira significa um contraponto à realidade racial do nosso país, constituindo-se uma outra possibilidade de entendimento do real. No entanto, nem sempre esse outro "ponto de vista" tem sido devidamente considerado, sobretudo pela escola, cuja reflexão crítica, histórica e social da realidade brasileira deveria ser um dos principais aspectos dos currículos após a ditadura.

Essa lacuna na interpretação crítica sobre a realidade racial brasileira e sobre as lutas empreendidas pela população negra em prol da superação do racismo tem impelido o Movimento Negro de demandar e exigir da escola práticas pedagógicas e curriculares que visem o reconhecimento da diversidade étnico-racial e o tratamento digno da questão racial e do povo negro no cotidiano escolar. Por outro lado, a lentidão da política educacional brasileira em responder adequadamente a essa demanda histórica tem motivado esse mesmo movimento a construir, com os seus próprios recursos e articulações, projetos educativos de valorização da cultura, da história e dos saberes construídos pela comunidade negra. Esses projetos caminham – às vezes articulados e outras não – com as escolas e o poder público.

De acordo com Boaventura de Sousa Santos (1996), consideramos os projetos educativos construídos pelo Movimento Negro no Brasil e também na América Latina como emancipatórios. A emancipação entendida como transformação social e cultural, como libertação do ser humano, esteve presente nas ações da comunidade negra organizada, com todas as tensões e contradições próprias desse processo, tanto no período da escravidão quanto no pós-abolição e a partir do advento da República. O fato de essas ações serem projetos e propostas construídos por um povo que tem o seu passado, a sua história e a sua cultura desenvolvidos nos contextos de opressão e dominação – tais como: a colonização, a escravidão, o racismo e a desigualdade social e racial – e que, mesmo assim, segue persistindo e colocando questões para a sociedade, para a educação e para o Estado brasileiro, pode ser visto como o potencial emancipatório das lutas e da organização política dos negros no Brasil e na diáspora. Esse potencial também é visto na capacidade de mudança social, educacional, cultural e política que a comunidade negra "em movimento", com suas contradições, tensões, desafios e lutas, consegue imprimir nos vários países da diáspora africana.

Dentro do quadro teórico da sociologia das ausências,

gostaríamos de destacar, neste capítulo, algumas reivindicações do Movimento Negro Brasileiro por educação; sobretudo a partir do ano de 2000. Trata-se de compreender e problematizar a atuação dessa organização do movimento social na sua reivindicação pelo reconhecimento à diversidade étnico-racial, bem como as suas demandas por uma livre-expressão e vivência digna dessa diferença na sociedade brasileira.

A partir do terceiro milênio a luta do Movimento Negro adquire um outro tipo de visibilidade nacional e política e apresenta uma mudança na sua relação com a sociedade: a efetiva passagem da fase da denúncia para o momento de cobrança, intervenção no Estado e construção de políticas públicas de igualdade racial.

Nesse novo processo, o movimento se destaca pela sua atuação na esfera jurídica, política, social e econômica, via a cobrança da garantia de oportunidades iguais e do direito à educação, assim como na esfera acadêmica, via demanda pela implementação das políticas de ações afirmativas; notadamente na questão das cotas raciais (democratização do acesso e garantia da permanência). Se antes o Movimento Negro já articulava a denúncia do racismo com a construção de novas práticas sociais e educativas, a partir do ano de 2000 a sua estratégia de ação se volta para a implementação de políticas sociais específicas que contemplem a raça; ou seja, políticas de igualdade racial[7].

Embora possamos argumentar que a demanda pelas políticas de reconhecimento da diferença seja um ponto comum na luta de alguns dos novos movimentos sociais como, por exem-

---

7 "[...] raça é uma construção política e social. É a categoria discursiva em torno da qual se organiza um sistema de poder socioeconômico, de exploração e exclusão, ou seja, o racismo. Todavia, como prática discursiva, o racismo possui uma lógica própria. Tenta justificar as diferenças sociais e culturais que legitimam a exclusão racial em termos de distinções genéticas e biológicas, isto é, na natureza" (HALL, 2003, p. 69).

plo, Movimento de Mulheres, Movimento Indígena e Movimento LGBT, podemos notar uma especificidade quando se trata do Movimento Negro: o tipo de racismo desenvolvido no contexto histórico brasileiro. O Brasil construiu, historicamente, um tipo de racismo insidioso, ambíguo, que se afirma via sua própria negação e que está cristalizado na estrutura da nossa sociedade. Sua característica principal é a aparente invisibilidade. Essa invisibilidade aparente é ainda mais ardilosa, pois se dá via mito da democracia racial, uma construção social produzida nas plagas brasileiras. Através da narrativa do mito, que é extremamente conservadora – porém transfigurada em discurso democrático –, a igualdade das raças é destacada. Trata-se, no entanto, de uma falsa igualdade, pois ela se baseia no apagamento e na homogeneização das diferenças. A democracia racial fala de uma diferença homogeneizadora e inferiorizante, vista como "cadinho racial", como forma "híbrida" de cultura, como "fusão racial" que acaba por cristalizar, naturalizar e subalternizar as diferenças, os grupos étnico-raciais e a sua história. Um dos méritos do Movimento Negro ao longo dos tempos tem sido o fato de desvelar esse discurso e, ao fazê-lo, colocar a sociedade brasileira cara a cara com o seu racismo.

3.1 Movimento Negro e educação

É comum ouvirmos entre os educadores que apostam numa teoria crítica educacional a afirmação de que os movimentos sociais educam e reeducam a sociedade, o Estado e a escola.

> Os movimentos sociais trazem para a pedagogia algo mais do que conselhos moralizantes tão do uso das relações entre mestres e alunos. Recolocam a ética nas dimensões mais radicais da convivência humana, no

destino da riqueza socialmente produzida, na função social da terra, na denúncia da imoralidade das condições inumanas, na miséria, na exploração, nos assassinatos impunes, no desrespeito à vida, às mulheres, aos negros, na exploração até da infância, no desenraizamento, na pobreza e injustiça...

Aí nessas radicalidades da experiência humana os movimentos sociais repõem a ética e a moralidade, tão ausentes no pensamento político e social. E pedagógico também.

Eles reeducam os indivíduos, os grupos e a sociedade. Mostram a urgência do reencontro da pedagogia com essas dimensões éticas tão determinantes nas possibilidades de formação e humanização, inclusive da infância popular que conduzimos como educadores.

Nos processos educativos há um misto explosivo de condições objetivas, de crenças, valores, culturas, memória, identidades, subjetividades, emoções, rituais, símbolos, comemorações... que se dão de maneira privilegiada nos movimentos sociais (ARROYO, 2003, p. 42-43).

É também comum ouvirmos que tais movimentos constroem uma pedagogia própria que tensiona a pedagogia escolar. Mas quais são os efeitos dessa pedagogia dos movimentos sociais? Nessa perspectiva, qual será o lugar dos movimentos que lutam pelo reconhecimento e pela afirmação das diferenças, como o Movimento das Mulheres, o Movimento dos Indígenas e o Movimento Negro? No caso específico do Movimento Negro, será que ele é visto como um movimento social que vem causando uma inflexão nas políticas educacionais, nos currículos e nas práticas pedagógicas? Ele é visto como produtor de saberes e de uma pedagogia? Que saberes são esses? Que pedagogia é essa? Que saberes são produzidos pelo Movimento Negro Brasileiro?

Quando a produção teórica educacional desconsidera os

saberes produzidos pelo Movimento Negro enquanto tais, ela possibilita o desperdício da experiência desse movimento social.

Essa relação ambígua estabelecida pelo Movimento Negro com a educação, a escola, o conhecimento científico e os saberes produzidos pela comunidade negra e pelo próprio movimento requer uma reflexão mais profunda. Concordamos com Boaventura de Sousa Santos que a tensa relação entre o conhecimento científico e as outras formas de conhecer extrapola o mundo da ciência e atinge a sociedade de um modo geral. Nesse processo, algumas instituições sociais podem ser mais ou menos afetadas. Em nossa opinião, a escola é uma das principais instituições afetadas por essa tensão, pois ela é socialmente responsável pela transmissão e socialização do conhecimento. Mas qual é o conhecimento que a escola se vê como instituição responsável a transmitir? Por mais que hoje tenhamos mais experiências de educação e diversidade, ainda é possível afirmar que é o conhecimento científico, e não as outras formas de conhecer produzidas pelos setores populares e pelos movimentos sociais.

A questão é: Para que os saberes construídos pela comunidade negra e sistematizados pelo Movimento Negro ocupem um lugar na escola e na produção do conhecimento bastaria somente uma mudança na estrutura do currículo e nas políticas educacionais? Ou no investimento em ciência e tecnologia? Portanto, uma intervenção reformista nos bastaria? Ou precisaríamos ser mais radicais e elaborar uma proposta que rompa com a estrutura secular da escola, da universidade e da ciência que temos?

Concordo com as reflexões de Boaventura de Sousa Santos (2010). É preciso uma mudança radical no campo do conhecimento. Mais do que somente na teoria educacional e na escola.

Será preciso construir uma pedagogia das ausências e das emergências que nos ajude a produzir as epistemologias do Sul.

As epistemologias do Sul são o conjunto de intervenções epistemológicas que denunciam a supressão das muitas formas de saber próprias dos povos e/ou nações colonizados. Essa supressão é resultado de um processo histórico de dominação epistemológica imposto pelo colonialismo. As epistemologias do Sul valorizam os saberes que resistiram com êxito a essa dominação e investigam as condições de um diálogo horizontal entre conhecimentos e práticas. A esse diálogo entre saberes Boaventura chama de ecologia de saberes (SANTOS, 2010, p. 19).

Ou seja, na educação, as epistemologias do Sul nos levam à radicalidade de que devemos avançar na compreensão do pensamento pedagógico como um permanente confronto entre paradigmas de educação, de conhecimento, de valores e do humano. E é essa radicalidade que encontramos nas ações e nos saberes emancipatórios produzidos e sistematizados pelo Movimento Negro.

Essa postura político-epistemológica poderá nos levar mais além. Ela nos ajudará a superar o pensamento abissal. Pensamento esse presente na ciência moderna ocidental, que despreza, desqualifica e separa os saberes e conhecimentos produzidos fora do eixo Norte do mundo.

De acordo com Santos (2010), uma característica fundamental do pensamento abissal é a impossibilidade da copresença dos dois lados da linha. Para além desse lado da linha há apenas inexistência, invisibilidade e ausência não dialética.

E mais, o pensamento abissal despreza os sujeitos que produzem esses saberes. Portanto, esse pensamento possui uma estreita relação com o epistemicídio, que, para o autor, é *a morte do conhecimento e dos sujeitos que o produzem.*

Segundo Santos (2010),

> o pensamento moderno ocidental é um pensamento abissal. Consiste em um sistema de distinções visíveis e invisíveis, sendo que as invisíveis fundamentam as visíveis. As distinções invisíveis são estabelecidas através de linhas radicais que dividem a realidade social em dois universos distintos: **o universo "deste lado da linha" e o universo "do outro lado da linha"**. A divisão é tal que "o outro lado da linha" desaparece enquanto realidade, torna-se inexistente, e é mesmo produzido como inexistente. Inexistência significa não existir sob qualquer forma de ser relevante ou compreensível.
>
> **Tudo aquilo que é produzido como inexistente é excluído** de forma radical porque permanece exterior ao universo que a própria concepção aceite de inclusão considera como sendo o Outro. **Ou seja, nem o conceito de inclusão abarca esse Outro do outro lado do abismo** (p. 31-32; grifos nossos).

A relação Movimento Negro, educação e saberes nos convoca a trilhar um caminho epistemológico e político desafiador: a construção de um pensamento e de uma pedagogia pós-abissais. Para tal, será necessário compreender como se deu uma tensão histórica construída nas relações de poder e conhecimento e que envolve os coletivos sociais e suas práticas: a tensão regulação-emancipação social que interfere na produção de conhecimentos e de saberes.

4

Tensão regulação-emancipação, produção de conhecimentos e saberes

Santos (2002, p. 239-241) afirma que a ciência moderna promovida a racionalizador de primeira ordem da vida social assume o extraordinário privilégio epistemológico de ser a única forma de conhecimento válido. Ao reduzir as ricas tradições epistemológicas do primeiro período do Renascimento à ciência moderna, o Estado liberal oitocentista teve um importante papel e concedeu a si próprio um extraordinário privilégio político enquanto forma exclusiva de poder. Essa tripla redução do conhecimento à ciência, do direito ao direito estatal e dos poderes sociais à política liberal – por muito arbitrária que tenha sido nas suas origens – atingiu uma certa dose de verdade à medida que foi se inserindo na prática social, acabando por se tornar uma ortodoxia conceitual.

A crítica à razão indolente pretende superar esse estado de coisas. A ideia de que um outro mundo é possível, da existência de uma constelação de conhecimentos e práticas é uma tentativa de criar uma nova razoabilidade, novos argumentos para a produção de um conhecimento prudente.

E é no contexto da modernidade que a racionalidade demonstrativa que impregna a história, as humanidades no final do século XIX, constrói distinções e discrepâncias: regulação e emancipação é uma delas. Experiências e expectativas é outra. Em cada uma delas, formas de conhecimento são produzidas.

Nesse contexto, para Santos (2002, 2004a, p. 13-14) a modernidade ocidental possibilitou a emersão de dois pilares de tensão dialética – a regulação social e a emancipação social. A regulação social está alicerçada em três princípios: do Estado, do mercado e da comunidade. A emancipação social ancora-se em três racionalidades: a científico-instrumental, moral prática e estético-expressiva. No entanto, segundo o autor, esse modelo de emancipação social está em crise, pois a emancipação que antes era o outro da regulação (a alternativa) tornou-se o duplo desta (outra forma de regulação). Por isso, precisamos construir uma nova forma de emancipação social.

A tensão entre regulação e emancipação ancoradas nas fundações do paradigma da modernidade ocidental comporta duas formas de conhecimento: o conhecimento-emancipação (trajetória entre um estado de ignorância, denominado colonialismo, e um estado de saber, designado solidariedade) e o conhecimento-regulação (trajetória entre um estado de ignorância, denominado caos, e um estado de saber, designado ordem).

Segundo Santos (2002), nos termos do paradigma da modernidade, a vinculação recíproca entre o pilar da regulação e o pilar da emancipação implica que esses dois modelos de conhecimento se articulem em equilíbrio dinâmico. Isso significa que o poder cognitivo da ordem alimenta o poder cognitivo da solidariedade, e vice-versa. A realização de tal equilíbrio foi confiada às três lógicas de racionalidade: a racionalidade moral-prática, a racionalidade estético-expressiva e a racionalidade cognitivo-instrumental. Apesar de essas duas formas de conhecimento estarem inscritas no paradigma da modernidade, no último século, o conhecimento-regulação conquistou a primazia sobre o conhecimento-emancipação. Nesse caso, a ordem transformou-se na forma hegemônica de saber (de que o cânone é exemplo) e o caos na forma hegemônica de ignorância. Esta hegemonia do conhecimento-regulação permitiu a este recodificar nos seus próprios termos o conhecimento-emancipação. Assim, o que era saber no conhecimento-emancipação transformou-se em ignorância no conhecimento-regulação (a solidariedade foi recodificada como caos) e, de maneira inversa, o que era ignorância no conhecimento-emancipação transformou em saber no conhecimento-regulação (o colonialismo foi recodificado como ordem). Como a sequência lógica da ignorância para o saber é também a sequência temporal do passado para o futuro, a hegemonia do conhecimento-regulação fez com que o futuro – portanto, a transformação social – passasse a ser concebido como ordem, e o colonialismo, como um tipo de ordem. De forma paralela o passado passou a ser concebido como caos e a solidariedade como um tipo de caos. O sofrimento humano passou a ser justificado em nome da luta da ordem e do colonialismo contra o caos e a solidariedade (SANTOS, 2006, p. 86).

De acordo com as reflexões do autor, no conhecimento-regulação o ato de conhecer passou a ser vinculado à ciência moderna, à experimentação, à teorização, à sistematização de informações, à tecnologia; ou seja, à ideia do cientista como aquele que se afasta do mundo para escrever sobre ele. Nessa perspectiva, não há lugar para outras formas de conhecer que estão fora do cânone.

No conhecimento-emancipação, o ato de conhecer está vinculado ao saber, sabor, saborear, à sapiência e ao sábio. O sábio não é o cientista fechado no seu gabinete ou laboratório. Mas é aquele que conhece o mundo através do seu mergulho no mundo. Esse conhecimento pode ser sistematizado na forma de teoria ou não. A teoria e a experiência prática são vistas como formas diferentes de viver e de sistematizar o conhecimento do mundo, pois é no mundo que a vida social se realiza. Por isso não cabe hierarquia entre elas. No conhecimento-emancipação há toda uma leitura crítica dos motivos políticos, ideológicos e de poder por meio dos quais a dicotomia entre saber e conhecimento foi construída. Ele tem conhecimento dessa dicotomia; porém, não se limita a ela. Antes, tenta ultrapassá-la.

O conhecimento-emancipação não está fora da modernidade, mas foi marginalizado pela ciência moderna. É nele que é possível ampliar e questionar a primazia do conhecimento científico, colocando-o no cerne das relações de poder; sobretudo, localizando-o na relação "norte imperial" e "sul colonizado". Nesse sentido, o conhecimento científico, no conhecimento-emancipação, é visto como uma forma de saber, contextualizado e localizado historicamente. É o saber produzido pela ciência moderna. O conhecimento-emancipação não tem a pretensão de totalidade, embora esta seja uma das tentações que ele sofre quando passa de marginal a conhecimento reconhecido pelo cânone (é o que acontece na escola quando esta incorpora alguns saberes populares ao currículo oficial, transformando-os em conteúdo escolar). O conhecimento-emancipação é cheio de nuanças, riscos, conceitos provisórios que podem ser mudados de acordo com a dinâmica social e a politização da sociedade. Não tem a pretensão de ser perene, embora corra esse risco, pois ainda opera dentro a razão indolente. É nele que se torna possível a proposta de diálogo entre os saberes e os sujeitos que os produzem; ou seja, o conhecimento-emancipação é intensamente vinculado às práticas sociais, culturais e políticas.

No entanto, não podemos nos esquecer de que essas duas formas de conhecimento se encontram em uma tensão dialética. Sendo assim, é possível que o conhecimento-regulação abra espaços para a emancipação, assim como o conhecimento-emancipação pode atuar de forma regulatória na vida dos sujeitos, das consciências e dos corpos.

O autor adverte para o fato de que temos que encontrar alternativas nesse processo. O caminho proposto é de reavaliar o conhecimento-emancipação e conceder-lhe a primazia sobre o conhecimento-regulação.

É nesse processo de crise e transição paradigmática da ciência moderna que Santos (2004a) concebe a transição pós-moderna (e também a pós-colonial), entendendo-a como um trabalho arqueológico de escavação nas ruínas da modernidade ocidental em busca de *elementos ou tradições suprimidas ou marginalizadas, representações consideradas particularmente incompletas porque menos colonizadas pelo cânone hegemônico da modernidade, que nos possam guiar na construção e na busca de novos paradigmas de emancipação social* (p. 19).

Numa perspectiva pós-colonial, o autor conclui que existem duas representações mais incompletas ou menos colonizadas pelo cânone hegemônico da modernidade. São elas:

1) Em nível de regulação – É o pilar da comunidade; pois os outros dois pilares, o mercado e o Estado, foram os mais colonizados. A comunidade sempre ficou na penumbra, sendo ora instrumentalizada pelo mercado (ex.: a responsabilidade social das empresas), ora instrumentalizada pelo Estado (ex.: parcerias ONGs e Estado). Nesse caso, podemos, então, lutar por uma melhor regulação e pensar um futuro mais emancipatório.

2) Em nível de emancipação – Temos a racionalidade estético-expressiva na qual se expressam os movimentos de vanguarda.

Há aqui uma questão a ser mais trabalhada. No plano das racionalidades, tanto a racionalidade científica quanto a moral-prática e a estética não deixam de ser *razões indolentes*. Porém, como a racionalidade estética foi a menos colonizada, ela é, talvez, a menos indolente. Dessa forma, talvez essa racionalidade seja aquela que nos permita trabalhar mais o futuro, trazer as perspectivas de outras culturas e outros paradigmas e, dentro da própria sociedade moderna, trazer tudo aquilo que foi oprimido.

No campo das ciências sociais, a sociologia das emergências, enquanto uma reflexão epistemológica construída por Boaventura de Sousa Santos, tem apontado esse caminho. Contudo, no campo da educação, faz-se necessário, ainda, o exercício de construção epistemológica de uma *pedagogia das ausências e das emergências* como possibilidade de abrir espaço para novas racionalidades, reflexões e inquietações educacionais, sobretudo na escola.

Santos (2010) avançou ainda mais na sua proposição. Mais do que uma perspectiva pós-colonial o autor reconhece, nas suas reflexões e estudos mais recentes, que a relação conhecimento, saber e colonialismo é muito mais tensa e violenta. Ela se alicerça na existência de um abismo no campo do conhecimento, o qual só poderá ser superado por meio da construção de um pensamento pós-abissal.

4.1 Conhecimento e saber: uma breve reflexão

A partir das discussões realizadas por Santos (1996, 2002, 2004, 2004a, 2006, 2009, 2010) é possível realizar um outro tipo de reflexão epistemológica no campo da educação e pensar alternativas para a construção de projetos educativos emancipatórios. E mais, sintonizados com os movimentos sociais podemos transformar em presenças os projetos educativos emancipatórios já existentes, advindos da experiência dos movimentos sociais e que têm sido desperdiçados pela escola e pela teoria educacional. Esses projetos são aqueles capazes de produzir subjetividades rebeldes e inconformistas e que conseguem questionar a produção de subjetividades conformistas que imperam nos currículos das universidades e da educação básica.

Segundo Santos (1996), todo projeto emancipatório está baseado em um perfil epistemológico que abriga um conflito. Aqui o conflito é visto ocupando o centro de toda experiência pedagógica emancipatória. Segundo ele, o conflito serve, antes de tudo, para tornar vulnerável e desestabilizar os modelos epistemológicos dominantes e para olhar o passado através do sofrimento humano, que, por via deles e da iniciativa humana a eles referida, foi indesculpavelmente causado. Esse olhar produzirá imagens desestabilizadoras, suscetíveis de desenvolver nos estudantes e nos docentes a capacidade de espanto e de indignação e uma postura de inconformismo, as quais são necessárias para olhar com empenho os modelos dominados ou emergentes, por meio dos quais é possível aprender um novo tipo de relacionamento entre saberes e, portanto, entre pessoas e entre grupos sociais. Poderá emergir daí um relacionamento mais igualitário e mais justo que nos faça apreender o mundo de forma edificante, emancipatória e diversa culturalmente.

A aceitação desse desafio epistemológico e prático na pedagogia – entendida aqui como um campo teórico e prático – coloca-se no mesmo nível de questionamento que Santos (2002) faz à teoria crítica nas ciências sociais, redimensionando-o ao campo da educação, a saber: Por que é tão difícil construir uma teoria crítica educacional? Um outro tipo de pedagogia?

Entende-se por teoria crítica

> toda a teoria que não reduz a "realidade" ao que existe. A realidade, qualquer que seja o modo como é concebida, é considerada pela teoria crítica como um campo de possibilidades, e a tarefa da teoria consiste precisamente em definir e a avaliar a natureza e o âmbito das alternativas ao que está empiricamente dado. A análise crítica do que existe assenta no pressuposto de que a existência não esgota as possibilidades da existência e que, portanto, há alternativas suscetíveis de superar o que é criticável no que existe. O desconforto, o inconformismo ou a indignação perante o que existe suscita impulso para teorizar a sua superação (SANTOS, 2002, p. 23).

Esse estudo coloca, também, um outro problema levantado por esse autor, recriando-o numa perspectiva educacional: Vivendo nós no terceiro milênio num mundo onde há tanto para criticar na educação formal e não formal, por que se tornou tão difícil produzir uma teoria crítica educacional? Nesse sentido, a pedagogia das ausências consiste em um posicionamento de vigilância epistemológica no que se refere ao campo da produção do conhecimento educacional.

É nesse contexto que a reflexão sobre a relação entre conhecimento e saber merece ser considerada. Levando em consideração as reflexões sobre conhecimento-regulação e conhecimento-emancipação, discutidas por Santos (2004), é possível dizer que ainda falta ao campo da educação uma discussão mais radical sobre a relação conhecimento e saber, sobretudo na relação entre a ciência moderna e as outras formas de conhecer e pensar o mundo que se desenvolvem para além do Ocidente. Podemos dizer que, perto da radicalidade das questões colocadas por Santos (2004), o campo da educação realiza, ainda, abordagens um pouco tímidas sobre o tema. É o que veremos a seguir.

Freitas et al., na tentativa de trazer uma possível contribuição do referencial psicanalítico à educação, registram a distinção entre as categorias "conhecimento" e "saber", inspiradas em Mrech (1999). Segundo os autores,

> A partir desse referencial, numa primeira aproximação, chamaremos de **conhecimento** um conjunto de ideias, conceitos, representações e informações que permitem, em princípio, fazer uma leitura orientada da realidade. Na sua forma objetiva ele está armazenado nos livros e computadores ou em outros meios, podendo ser acessado a qualquer momento. Ele pode ser transmitido de maneira clara, comunicado explicitamente, sobretudo com fórmulas ou palavras precisas. Entretanto, o sujeito pode manter relações distintas com o **conhecimento** que adquire, apresentando, nos extremos, um **conhecimento** de tipo **alienado**, que é obtido sem o seu comprometimento, e um **conhecimento** de tipo **autônomo**, em que o sujeito estabelece relações e com elas uma marca correspondente. É possível uma transposição do **conhecimento alienado** se aproximando do **autônomo**, via diferentes formas de investimento do sujeito; por exemplo, quando determinadas representações entram em ressonância com "significantes" inconscientes, ou quando o sujeito tem uma participação efetiva e um alto grau de implicação na elaboração e no desenvolvimento de seus significados. Chamaremos de **saber** uma mistura de representações implícitas e inconscientes, com implicação subjetiva e envolvimento da libido. Saber é o que nos orienta e, às vezes, nos amarra de maneira implícita nas escolhas do dia a dia. Paralelamente ao conhecimento, o saber também pode ser entendido como um *continuum* entre dois extremos: de um lado um **saber bruto**, caracterizado pela ausência do sujeito enquanto desejo de mudar e de buscar novos conhecimentos ou de estabelecer conexões entre os mesmos; do lado oposto um **saber lapidado**, caracterizado pela presen-

ça do sujeito enquanto desejo de ultrapassar os limites da relação com os conhecimentos adquiridos (p. 3-4; grifos nossos).

Mas será que, na perspectiva dos autores acima citados, a distinção e a adjetivação das categorias saber e conhecimento poderia nos ajudar a realizar a crítica à razão metonímica, contribuindo para a produção de um projeto educativo emancipatório? Tenho dúvidas...

Entender o conhecimento como um contato inicial do saber – instituído a partir de informações, que possibilita a construção de teorias, algo da ordem do rigoroso, fortemente estabelecido; que cria um espaço reduzido para a subjetividade e o saber como experiência, da ordem da subjetividade; que necessita de uma prática – talvez seja o caminho mais privilegiado pela reflexão educacional, mesmo aquela que se faz fora dos referenciais psicanalíticos.

Embora tal reflexão possa nos aproximar dos dilemas das professoras e dos professores na complexa relação ensino-aprendizagem que se dá na prática das escolas, ao adjetivar e separar conhecimento e saber corremos o risco de tratá-los como categorias analíticas desprovidas do contexto político e histórico. Por trás da tentativa de conceituação dada por Freitas et al. podemos ver a razão metonímica operando; a saber, uma ideia de totalidade sob a forma de ordem e a presença da dicotomia, como se conhecimento e saber fossem coisas opostas e complementares ao mesmo tempo. Como nos diz Santos (2004),

> a forma mais acabada de totalidade para a razão metonímica é a dicotomia, porque combina, do modo mais elegante, a simetria com a hierarquia. A simetria entre pares é sempre uma relação horizontal que oculta uma relação vertical. Isto é assim porque, ao contrário do que é proclamado pela razão metonímica, o todo

é menos e não mais do que o conjunto das partes. Na verdade, o todo é uma das partes transformada em termo de referência para as demais (p. 782).

Nesse sentido, a tentativa de distinção entre conhecimento e saber, por mais bem-intencionada que seja, pode nos levar a cair na cilada do reforço da hierarquização entre ambos. Nesse caso, operamos no contexto da monocultura do saber, e não da ecologia dos saberes[8]. E é justamente essa dicotomia que precisamos superar e problematizar. Porém, vivendo sob a égide da razão indolente e no contexto da razão metonímica, é possível distinguir sem hierarquizar? Na educação, a tentativa de superar essa forma de conceber o conhecimento poderá ser feita através da pedagogia das ausências e da construção de uma pedagogia pós-abissal. Por meio delas poderemos considerar e incorporar a constelação de saberes/conhecimentos formulados no mundo. No caso da escola, o currículo contemplaria verdadeiramente a diversidade.

A separação entre conhecimento e saber, tal como a vivemos na escola e na produção científica educacional, é fruto da interpretação da ciência moderna, que marca o campo da educação. E é justamente a leitura crítica de como o conhecimento científico, fruto da ciência moderna, tornou-se a forma hegemônica de saber valorizada no campo da educação e, por conseguinte, nos currículos escolares, que me permite indagar e tentar ir além da distinção (quase unânime no campo educacional) entre conhecimento e saber. Adotando a conceituação de Santos:

> o conhecimento implica uma trajetória, uma progressão de um ponto ou estado A, designado ignorância, para um ponto ou estado B, designado saber. As for-

---

8 De acordo com Boaventura de Sousa Santos, a monocultura do saber do rigor do saber é uma das cinco lógicas ou modos de produção da não existência produzidas pela razão metonímica.

mas de conhecimento distinguem-se pelo modo como caracterizam os dois pontos e a trajetória que conduz de um ao outro. Não há, pois, nem ignorância geral e nem saber em geral. Cada forma de conhecimento reconhece-se num certo tipo de saber a que contrapõe um certo tipo de ignorância, a qual, por sua vez, é reconhecida como tal quando em confronto com esse tipo de saber. Todo saber é saber sobre uma certa ignorância e, vice-versa, toda ignorância é ignorância de um certo saber (SANTOS, 2002, p. 74).

4.2 Saberes produzidos pela comunidade negra e sistematizados pelo Movimento Negro Brasileiro

Diante do exposto, podemos dizer que consideramos que a comunidade negra e o Movimento Negro produzem saberes, os quais se diferem do conhecimento científico, mas em hipótese alguma podem ser considerados menos "saber" ou " saberes residuais".

Nesse caso, o que estamos considerando como "saberes emancipatórios produzidos pelos negros e pelas negras e sistematizados pelo Movimento Negro"? Trata-se de uma forma de conhecer o mundo, da produção de uma racionalidade marcada pela vivência da raça numa sociedade racializada desde o início da sua conformação social. Significa a intervenção social, cultural e política de forma intencional e direcionada dos negros e negras ao longo da história, na vida em sociedade, nos processos de produção e reprodução da existência. Ou seja, não se trata de ações intuitivas, mas de criação, recriação, produção e potência. A vivência da raça faz parte dos processos regulatórios de transgressão, libertação e emancipação vividos pelos africanos e seus descendentes. No Brasil, desde o processo colonial, atravessou o regime da escravidão, se fez presente na

República e permanece no Brasil – e em outros países do mundo – até os nossos dias. Desse modo, a raça é vista como uma dimensão estruturante da sociedade brasileira e do processo colonial das américas (QUIJANO, 2005).

Dada a sua importância na constituição da nossa sociedade, esses saberes deveriam fazer parte da educação escolar, dos projetos educativos não escolares e do campo do conhecimento de maneira geral, sobretudo após a alteração da Lei 9.394/96 (Lei de Diretrizes e Bases) pela Lei 10.639/03, que torna obrigatório o ensino de História e Cultura Afro-brasileira e Africana nos currículos das escolas de ensino Fundamental e Médio, públicas e particulares. Essa lei foi regulamentada pela Resolução CNE/CP 01/04 e pelo Parecer CNE/CP 03/04, que instituem as Diretrizes Curriculares Nacionais para a Educação das Relações Étnico-raciais e para o Ensino de História e Cultura Afro-brasileira e Africana. Os deveres da União, estados, municípios, Distrito Federal, universidades, conselhos e demais setores ligados à educação para com a implementação dessa legislação foram registrados em 2009 no Plano Nacional de Implementação das Diretrizes Curriculares Nacionais para a Educação das Relações Étnico-raciais e para o Ensino de História e Cultura Afro-brasileira e Africana. Os saberes expressos nesses documentos ainda não são devidamente considerados enquanto tais pelo campo do conhecimento e pela teoria educacional. Trata-se de uma disputa, principalmente, no campo dos currículos.

Para tal, faz-se necessário indagar: Afinal, que saberes emergem da experiência e da ação da comunidade negra e são sistematizados pelo Movimento Negro Brasileiro? Esses saberes são emancipatórios? Como a escola e a universidade poderão conhecer esses saberes e introduzi-los, na perspectiva da ecologia dos saberes, como um importante componente dos currículos? Como o pensamento crítico educacional poderá dialogar e incorporar esses saberes?

Certamente, os caminhos são vários. Vamos apontar alguns. Antes, porém, faz-se necessário destacar, dentro da constelação de saberes produzidos pelos negros no Brasil, aqueles com os quais dialogaremos neste texto. São eles: os saberes identitários, os políticos e os estético-corpóreos. Podemos dizer que todos três acompanham a trajetória histórica dos negros desde os tempos coloniais e ganham maior visibilidade na educação e na sociedade brasileira a partir dos anos de 2000, quando o Movimento Negro traz para a arena política, a mídia, a educação e o sistema jurídico a discussão e a demanda por políticas de ação afirmativas.

Cabe destacar que a separação dos três tipos de saber aqui apresentada é um recurso analítico e didático. É uma forma de apresentá-los, discorrer a sua dinâmica e compreender a sua especificidade. Na realidade social, cultural, econômica e política eles se constroem de forma articulada e imbricada. Dada a sua força e capacidade emancipatórias, seus efeitos são potentes. Porém, retomando as reflexões de Santos (2010), o pensamento abissal presente no campo da ciência muitas vezes não os considera como conhecimentos válidos; ele os desqualifica e os invisibiliza, produzindo o epistemicídio. Por isso, é importante explicitá-los um a um.

a) Os saberes identitários

O Movimento Negro, principalmente no contexto das ações afirmativas, recoloca o debate sobre a raça no Brasil. Mesmo com críticas, há um aumento da institucionalização do uso das categorias de cor do IBGE (preto, pardo, branco, amarelo e indígena) nos formulários e nos censos educacionais, trazendo a autodeclaração racial para o universo e para o cotidiano dos brasileiros. O debate sobre quem é negro e quem é branco invade a vida dos brasileiros e das brasileiras de uma forma diferente, extrapolando os espaços da militância e da discussão política.

Assistimos, nas redes sociais, uma profusão de páginas pessoais, de figuras públicas e de grupos juvenis, publicadas por pessoas negras que escrevem sobre a experiência de ser negro, denunciam o racismo, transmitem informações, dão dicas de beleza e cuidados com a pele e o cabelo crespo. Discussões como apropriação cultural, colorismo, racismo, ações afirmativas são realizadas na vida on-line e off-line de maneira crítica, política e posicionada pelos sujeitos negros.

Uma nova visibilidade da questão racial e da identidade negra, de forma afirmativa, faz-se presente na literatura, nas artes, no campo do conhecimento. Os diferentes grupos do Movimento Negro passaram a ganhar mais espaço na cena pública e política, afirmando a identidade negra e sua complexidade.

Questões como a violência contra a mulher negra e o extermínio da juventude negra – que fazem parte das denúncias históricas do Movimento Negro – passaram a ser incorporadas, mesmo que ainda lentamente, nas preocupações de pesquisadores, ONGs e poder público. O recorte raça/cor passa a ser inserido como uma categoria de análise importante para se compreender a realidade de gênero, juvenil, racial, de trabalho, regional e de pobreza no Brasil. Os dados alarmantes desvelados pelos estudos realizados com esse recorte comprovam as denúncias do Movimento Negro. A identidade negra passa a ser tematizada de um outro lugar. Aos poucos, o Brasil vai compreendendo que ser negro e negra e afirmar-se enquanto tal é um posicionamento político e identitário que desconforta as elites e os poderes instituídos. E que o uso da força e da violência – uma das estratégias antigas do racismo – tem sido uma tentativa de fazê-los calar.

O Movimento Negro tem conseguido expandir a politização da raça e da identidade negra para lugares nos quais elas antes não eram consideradas ou eram invisibilizadas.

b) Os saberes políticos

A universidade, os órgãos governamentais, sobretudo o Ministério da Educação, passam a tematizar sobre as desigualdades raciais. As pesquisas e políticas educacionais, os indicadores de avaliação escolar, o campo da antropologia, da sociologia, da história e da saúde começam a dar um outro destaque à questão racial. O campo do direito começa a ser pressionado para dar respostas que contemplem a justiça social e a diversidade. O debate político sobre a raça é recolocado no Brasil em outros moldes, trazendo à cena pública posições que desde a ditadura pareciam ter sido superadas e desvelando que algumas heranças do racismo científico permanecem até hoje, mesmo entre os intelectuais considerados progressistas.

A raça, em sua concepção ressignificada, passa a ser um critério para superar desigualdades mediante a adoção de políticas públicas institucionalizadas por lei, tais como a Lei 12.288/10 (Estatuto da Igualdade Racial), a Lei 12.711/12 (Lei de Cotas Sociorraciais nas Instituições Federais de Ensino Superior) e Lei 12.990/14 (Cotas nos Concursos Públicos Federais).

Os intelectuais negros se organizam, em 2000, e fundam a Associação Brasileira de Pesquisadores Negros, a qual é responsável pela realização bianual do Congresso Brasileiro de Pesquisadores e Pesquisadoras Negros (Copene). Nas universidades e faculdades organizam-se Núcleos de Estudos Afro-brasileiros (NEABs), responsáveis pela realização de pesquisas, projetos de extensão, formação de professores, pelos debates políticos e acadêmicos sobre o acesso e a permanência de estudantes cotistas nas instituições de Ensino Superior.

A questão racial passa a ocupar um outro lugar político no campo da produção do conhecimento e, aos poucos, as instituições de Ensino Superior começam a inserir História da África, Relações Étnico-raciais, e Diversidade, Gênero e Relações Étnico-raciais como disciplinas optativas, eletivas e obrigatórias nos currículos, demandando concursos públicos específicos para essa área. Além disso, por meio da aplicação da Lei 12.990/14, algumas instituições públicas começam a realizar concursos para docentes do Ensino Superior, reservando vagas para candidatos negras e negros.

Várias universidades passam a realizar as cotas na pós-graduação, em atendimento à Portaria Normativa 13/16, do Ministério da Educação.

Se antes vários profissionais e intelectuais se recusavam a debater e discutir sobre raça, racismo e relações raciais, essa postura passa a ser cada vez mais questionada. Para cumprir a legislação e garantir os direitos da população negra às ações afirmativas, gestores, intelectuais e profissionais de várias áreas necessitam conhecer mais sobre esses temas, são obrigados a revelar a sua ignorância sobre os mesmos e recorrer àquelas e àqueles que têm competência e *expertise* sobre o assunto. Agora os intelectuais, os pesquisadores e os ativistas do Movimento Negro são chamados a opinar. Os saberes políticos construídos e sistematizados pelo Movimento Negro entram em ação, dialogando com os outros saberes e ignorâncias. Há o reconhecimento de que as negras e os negros são sujeitos políticos e de conhecimento e têm competência para falar sobre a questão racial no Brasil e sobre os mais variados temas. Essa competência e esse conhecimento são relevantes e válidos para a formulação e a implementação de políticas públicas.

O Movimento de Mulheres Negras merece destaque quando refletimos sobre os saberes políticos. A ação das ativistas negras constrói saberes e aprendizados políticos, identitários e estético-corpóreos específicos. Enfatizaremos, aqui, os saberes políticos por considerá-los como aqueles que reeducaram as identidades, a relação com a corporeidade e a própria ação política dentro e fora do Movimento Negro. As ativistas negras indagam o machismo dentro do próprio movimento e desafiam os homens ativistas a repensarem, mudarem de postura e de atitude em suas relações políticas e pessoais com as mulheres. Denunciam a violência machista dentro do próprio Movimento Negro e demais movimentos sociais, nas relações domésticas, nas disputas internas; quer sejam no emprego, nos movimentos, nos sindicatos e nos partidos. Elas reeducam homens e mulheres negros, brancos, de outros pertencimentos étnico--raciais, e também elas mesmas. As questões de raça e gênero só se tornaram mais destacadas no movimento feminista devido à denúncia das mulheres negras de que, apesar do caráter progressista dessas lutas, a invisibilidade dada à questão racial, ao racismo e à violência contra a mulher negra atuam como uma regulação conservadora dentro dos próprios espaços de emancipação social. Essa ação tem desencadeado não somente reflexões e ações políticas, mas também a presença da raça como categoria de análise para se compreender o machismo, o sexismo, as desigualdades sociais e as reedições do capitalismo nacional e internacional no campo da produção científica.

O protagonismo das mulheres negras no Brasil assumiu um destaque ainda maior quando mulheres negras de todas as regiões do país realizaram a Marcha Nacional das Mulheres Negras 2015 contra o Racismo e pelo Bem-viver, no dia 18 de novembro, em Brasília. Precedido pelas marchas estaduais e locais, esse evento deu ainda mais visibilidade à situação de desigualdade e violência de gênero e raça que incide sobre as mulheres, jovens e meninas negras, e reforçou as alianças internacionais das mulheres negras latino-americanas e de outros continentes. Denunciou as lacunas existentes nas políticas públicas para mulheres, de igualdade racial e de saúde que ainda contemplam de maneira muito incipiente a inter-relação entre racismo, machismo, sexismo e desigualdades.

As mulheres negras também trouxeram como tema de denúncia e de luta a violência que atinge as comunidades quilombolas, a intolerância religiosa, o extermínio da juventude negra, a LGBTfobia, o feminicídio de mulheres negras e a ditadura da beleza eurocentrada.

Durante a realização da Marcha as demandas políticas das mulheres negras foram apresentadas na forma de documento para a então Presidenta Dilma Rousseff. Nesse dia, a capital federal foi ocupada por uma profusão e diversidade de corpos, cores, gestos, falas, ritmos e palavras de ordem das mulheres negras. Também naquela data os hotéis e restaurantes de Brasília foram ocupados por corpos negros em outro lugar de destaque: mulheres negras como cidadãs de direito[9].

---

9 Durante a realização da Marcha das Mulheres Negras, no momento de concentração em frente ao Congresso Nacional, houve agressão às integrantes, desencadeada por um grupo de participantes do acampamento dos movimentos pró-*impeachment,* que há um mês ocupava o gramado em frente ao Congresso. A rápida reação das militantes negras denunciando a agressão e o racismo dos grupos pró-*impeachment,* e apoiadas por um grupo de parlamentares, teve repercussão nacional, desencadeando, dias depois, na ordem de retirada dos mesmos pelos presidentes da Câmara dos Deputados e do

c) Os saberes estético-corpóreos

São aqueles ligados às questões da corporeidade e da estética negras. Apesar de o Brasil ser uma sociedade marcada na sua cultura pela corporeidade como forma de expressão, o corpo negro vive um momento de superação da visão exótica e erótica. A partir do ano de 2000 há uma politização da estética negra diferente daquela do final dos anos 70 e início dos 80 do século XX. Consumo, mercado, mídia, presença do corpo negro em espaços acadêmicos, formação de núcleos e associação de pesquisadores negros, presença de negros no governo federal, nos ministérios e secretarias especializadas acabam por trazer uma nova leitura e uma nova visão do corpo negro. É claro que esse movimento varia de acordo com a região, com a configuração de forças políticas e econômicas e com a capacidade organizativa local do Movimento Negro. Mas não podemos negar que as políticas de ações afirmativas reeducam os negros e as negras na sua relação com o corpo e também reeducam a sociedade brasileira no seu olhar sobre o corpo negro.

A partir do advento das ações afirmativas configurou-se um outro perfil de juventude negra que se afirma por meio da estética e da ocupação de lugares acadêmicos e sociais. Juventude essa, em sua maioria periférica, que aprendeu a ter orgulho de ser negro e da periferia, numa postura afirmativa e realista.

O olhar dos jovens negros de hoje é muito mais firme e afirmativo do que o olhar da geração que os antecedeu. Encaram o "outro", discutem, posicionam-se. As jovens negras discutem mais abertamente feminismo negro, indagam

---

Senado Federal. É importante registrar que a retirada desses manifestantes que agiam de forma agressiva foi um dos efeitos políticos da Marcha das Mulheres Negras [Disponível em http://agenciabrasil.ebc.com.br/politica/noticia/2015-11/manifestantes-acampados-tem-48-horas-para-deixar-o-gramado-do-congresso].

a lógica de classe média das feministas brancas, cobram dos companheiros uma postura não violenta, realizam debates e discussões sobre o lugar da mulher negra na sociedade, polemizam a questão da solidão da mulher negra, vivem com mais desenvoltura a sua sexualidade.

Essa juventude, principalmente as mulheres, realiza marchas do Orgulho Crespo, ações como o Encrespa Geral, eventos de empoderamento crespo, páginas específicas no Facebook, programas no YouTube, blogs e tutoriais de beleza negra. Compreendem como o corpo e o cabelo são importantes símbolos de construção da identidade negra.

Nas universidades fundam-se coletivos de estudantes negros, bem como na educação básica, organizados de forma autônoma e que, muitas vezes, acabam por representar mais os estudantes do que as formas convencionais do movimento estudantil. Esses coletivos são responsáveis por retomar a leitura de autoras e autores negros brasileiros e estrangeiros que refletem sobre racismo, feminismo negro, relações raciais e educação, muitos dos quais não tinham suas obras conhecidas nem estudadas nas licenciaturas e bacharelados.

Os saberes estético-corpóreos fazem parte de uma série de lutas e ensinamentos das mulheres negras. Numa articulação internacional, as mulheres negras ativistas construíram politicamente o Dia da Mulher Afro-latino-americana e Afro-caribenha, dia 25 de julho. No Brasil, essa data ganhou uma amplitude institucional e passou a fazer parte do processo de reeducação do Estado brasileiro em relação ao reconhecimento da luta das mulheres negras.

Um dos resultados dessa luta e aprendizados político-identitários-corpóreos dela resultante foi a sanção presidencial da Lei 12.987, de 2 de junho de 2014, decretando o Dia Nacional de Tereza de Benguela e da Mulher Negra, a ser comemorado anualmente em 25 de julho.

Além das reivindicações e ações políticas já mencionadas anteriormente, vale a pena destacar que a articulação das mulheres negras e a realização da Marcha das Mulheres 2015 trouxe como afirmação da pauta do bem-viver a não aceitação de serem vistas como objeto de consumo e cobaias das indústrias de cosméticos, moda ou farmacêutica. Passaram a exigir cada vez mais publicamente o fim da ditadura da estética eurocentrada e branca e o respeito à diversidade cultural e à estética negra.

A estética negra passou a ser compreendida como parte do direito da cidadania e da vida das mulheres negras, tornando-se um dos saberes sobre o corpo que vem sendo amplamente socializado e potencializado, principalmente pelas jovens negras.

4.3 Os saberes estético-corpóreos

Os três tipos de saber aqui discutidos estão interligados de maneira dinâmica, apesar das suas especificidades. No entanto, nos limites deste estudo, focalizaremos de maneira mais detalhada um deles: os saberes estético-corpóreos. Acreditamos que o olhar sobre a corporeidade negra poderá nos ajudar a encontrar outros elementos para a compreensão da identidade negra e de novas dimensões políticas e epistemológicas referentes à questão racial. É também um potencial de sabedoria, ensinamentos e aprendizados.

Os saberes estético-corpóreos, sendo os mais visíveis do ponto de vista da relação do sujeito negro com o mundo, contraditoriamente podem ser mais facilmente transformados em não existência no contexto do racismo brasileiro e do mito da democracia racial, os quais são capazes de transformar as diferenças inscritas na cultura negra em exotismo, hibridismo, negação; ou seja, em formas peculiares de não existência do corpo negro no contexto brasileiro. Estas formas atingem o imaginário da sociedade brasileira como um todo (inclusive dos próprios negros), e dessa forma afetam o discurso e a prática pedagógica, desde os manuais didáticos até a relação pedagógica na sala de aula e com o conhecimento.

Observa-se que, quando o discurso sobre o negro é feito sob o prisma do racismo (traduzido por meio do mito da democracia racial), as diferenças étnico-raciais que marcam a cultura, a vida, os lugares de poder, as desigualdades são invisibilizadas por meio do apelo à miscigenação racial e à formação de um tipo "híbrido" mais aceitável social e racialmente: o moreno (pele não tão "escura" e cabelos anelados). É o ideal do corpo brasileiro mestiço, não como uma possibilidade de conformação social, cultural e étnico-racial brasileira, mas como superioridade; como corpo que se desloca do extremo "negro" e caminha para o outro extremo "branco", e nunca o contrário. É nesse processo que corpo e cabelo operam como símbolos da identidade negra. Os efeitos de tal discurso e representação na vida dos brasileiros e brasileiras pode assumir dimensões drásticas que vão muito além do mito da "mulata" sensual. Levam a situações violentas de racismo e de autorrejeição. Esse tipo de discurso atinge o negro, a negra e o seu corpo de forma negativa; também regula a corporeidade negra na lógica da inferioridade racial, contribuindo para a formação de uma outra monocultura: a do corpo e do gosto estético. E é por saber e viver tal conflito socialmente e "na pele" que a comunidade negra toma o corpo negro como um espaço de expressão identitária, de transgressão e de emancipação.

A reação e a resistência do corpo negro no contexto do racismo produzem saberes. Estes são, de alguma maneira, sistematizados, organizados e socializados pelo Movimento Negro nas suas mais diversas formas de organização política. As negras e os negros em movimento transformam aquilo que é produzido como não existência em presença, na sua ação política.

Cabe aqui ressaltar que essa não existência em relação ao saber corpóreo não significa a invisibilidade total do corpo negro no discurso e na prática educacional brasileira, sobretudo na escola. Trata-se de um processo engenhoso. A não existência do corpo negro e dos seus saberes pode se fazer presente quando esse corpo é tematizado via folclorização, exotismo ou negação. Ou então quando esse corpo é apresentado e representado como indisciplinado, lento, fora do ritmo, que não aprende, violento. Esse é um tipo particular de produção de não existência que acontece no campo da educação, pois se realiza através de uma presença redutora que relega o corpo negro e os seus saberes ao lugar da negatividade e da negação. Trata-se da negação do corpo negro como corpo livre, que age, move, contesta, vibra, goza, sonha, reage, resiste e luta. No limite, é a produção do corpo negro como não existência. Podemos dizer que estamos diante de uma forma de regulação do corpo negro que se dá por meio da violência do racismo que afeta a todos nós, inclusive as suas próprias vítimas.

Os saberes estético-corpóreos produzidos pela comunidade negra e organizados pelas negras e negros em movimento e pelo Movimento Negro Brasileiro encontram lugar dentro da racionalidade estético-expressiva discutida por Santos (2004, 2006). Esses saberes dizem respeito não somente à estética da arte, mas à estética como forma de sentir o mundo, como corporeidade, como forma de viver o corpo no mundo.

As racionalidades enquanto formas de conhecer e de produção de pensamento produzem formas de saber e de ignorância. Uma não sobrevive sem a outra, e ambas são faces de uma mesma moeda e necessitam se articular em um equilíbrio dinâmico. A ignorância sobre a corporeidade negra construída no contexto colonial e imperial brasileiro – dentro do qual o escravismo foi o modo de produção que fez funcionar a engrenagem econômica e social brasileira – persistiu no pós-abolição e perdura até hoje através do racismo e da desigualdade racial. Ao mesmo tempo, em nível de comunidade negra, saberes sobre a estética/corporeidade negra foram sendo construídos, aprendidos e socializados. Esses saberes conseguiram alguma penetração social e participam da tensão histórica regulação e emancipação social.

São esses saberes que rivalizam com o lugar da não existência da corporeidade negra imposto pelo racismo. Eles afirmam a presença da ancestralidade negra e africana inscrita nos corpos negros como motivo de orgulho, como empoderamento ancestral. Recolocam a negra e o negro no lugar da estética e da beleza.

4.4 Saberes estético-corpóreos, monocultura, ecologia do corpo e do gosto estético

Nesse processo, ainda dialogando com as reflexões de Santos (2004), juntamente com as outras monoculturas[10] apontadas pelo autor, existe a formação da monocultura do corpo e do gosto estético. Esta diz respeito às representações, ideologias e formas de conceber os padrões de beleza e fealdade que acabam por eleger um determinado padrão estético e corpo-

---

10 Segundo Santos (2004), as monoculturas são lógicas ou modos de produção da não existência produzidos pela razão metonímica.

ral como superior, belo e aceitável. No contexto da relação Norte-Sul e, tomando as relações raciais no Brasil como um exemplo, esse padrão é o branco europeu. O racismo não só transforma a branquidade como característica moral a ser atingida, mas também no padrão estético a ser almejado. A branquidade extrapola o ideal moral e estético. Ela integra o campo da percepção social de negros e brancos, no qual

> um branco é apenas e tão somente o representante de si mesmo, um indivíduo no sentido pleno da palavra. Cor e raça não fazem parte dessa individualidade. Um negro, ao contrário, representa uma coletividade racializada em bloco – cor e raça são ele mesmo (PIZZA, 2002, p. 23).

Mas há um elemento mais violento na branquidade. Ela se refere às históricas relações coloniais e de poder nas quais o branco define a si mesmo e ao outro. E isso invade todas as esferas da vida social.

> A branquidade como constructo ideológico extremamente bem-sucedido do projeto modernista de colonização é, por definição (em termos literais: por ter o poder de definir o eu e o outro), um constructo de poder (STEYN, 2004, p. 123-124).

À existência da monocultura do corpo e do gosto estético, que ajuda a produzir a lógica da branquidade, se contrapõe uma ecologia, a ecologia do corpo e do gosto estético. Ela produz outras lógicas corpóreas, construídas pelos grupos não hegemônicos nos seus diferentes contextos e nas relações de poder.

No caso da população negra, podemos dizer que a ecologia do corpo e do gosto estético produz uma outra lógica que caminha na mesma tensão dialética com a branquidade, a qual se configura ao mesmo tempo como o seu par dicotômico, o seu oposto e o seu extremo: a negritude.

A negritude é entendida, aqui, na mesma perspectiva de Munanga (2009, p. 20). Embora tenha sua origem na cor da pele negra, a negritude não é necessariamente de ordem biológica. Ela se refere à história comum que liga de uma maneira ou de outra todos os grupos humanos que o olhar do mundo ocidental "branco" reuniu sob o nome de negros. Não se refere somente à cultura dos povos que portam a pele negra, pois eles são todos culturalmente diferentes. O que esses grupos humanos apresentam como ponto comum é o fato de terem sido vítimas das piores tentativas de desumanização que a história já viu e de terem sido as suas culturas não somente objeto de políticas sistemáticas de destruição, mas, mais do que isso, tiveram negada a existência dessas culturas. Não se pode esquecer de que, nos primórdios da colonização, a África negra foi considerada como um deserto cultural, e seus habitantes como o elo entre o homem e o macaco.

É ainda Munanga (2009), com a sua sabedoria, que nos diz:

> Tomada de consciência de uma comunidade de condição histórica de todos aqueles que foram vítimas da inferiorização e negação da humanidade pelo mundo ocidental, a *negritude* deve ser vista também como afirmação e construção de uma solidariedade entre as vítimas. Consequentemente, tal afirmação não pode permanecer na condição de objeto e de aceitação passiva. Pelo contrário, deixou de ser presa do ressentimento e desembocou em revolta, transformando a solidariedade e a fraternidade em armas de combate. A *negritude* torna-se uma convocação permanente de todos os herdeiros dessa condição para que se engajem no combate para reabilitar os valores de suas civilizações destruídas e de suas culturas negadas. Vista desse ângulo, para as mulheres e homens descendentes de africanos no Brasil e em outros países do mundo cujas plenas revalorização e aceitação da sua herança africana fazem parte do pro-

> cesso de resgate de sua identidade coletiva, a *negritude* faz parte da sua luta para reconstruir positivamente sua identidade e, por isso, um tema ainda em atualidade. Tomando a forma de irmanação entre mulheres e homens que dela reclamam para fazer desaparecer todos os males que atingem a dignidade humana, a *negritude* se torna uma espécie de fardo do homem e da mulher negros (p. 20; grifos do autor).

No caso específico da comunidade negra, é a ecologia do corpo e do gosto estético que vai dar lugar à expressão "beleza negra", construída no seio dos movimentos políticos em prol da igualdade dos direitos entre negros e brancos na África do Sul, nos Estados Unidos e no Brasil, e que se expressa no corpo, na política, nas artes, na dança, na educação, na música, na pintura e na poesia. A beleza negra possui um grande peso do ponto de vista da fisicalidade, mas vai além desta e a ultrapassa. Ela adquire um sentido simbólico e político.

A lógica em que se constrói a branquidade não se desenvolve sozinha. Antes, ela caminha lado a lado e em estado de permanente tensão com a lógica da construção da negritude. Elas convivem de maneira conflituosa, expressão da própria tensão dialética regulação-emancipação social na qual se inserem.

Para além de compor uma monocultura ou uma ecologia, a tensão branquidade-negritude, enquanto lógica, acompanha a história da colonização, escravidão, libertação, ditaduras e processos democráticos vividos no Brasil. São frutos dos processos de dominação e resistência que marcam os primeiros contatos entre povos europeus e africanos.

No entanto, na modernidade ocidental, ambas são ressignificadas, reinterpretadas e se impõem no campo da ciência moderna, da produção do conhecimento científico e da racionalidade instrumental, a ponto de orientar a produção de teorias raciais no final do século XIX e início do século XX. Essas teorias, apesar de serem consideradas ultrapassadas, ainda se fazem presentes em formas de interpretar a realidade racial brasileira.

4.5 Saberes estético-corpóreos como resistência e luta por direitos políticos e acadêmicos

Os saberes estético-corpóreos carregam resistência e luta por direitos políticos e acadêmicos. Esse tem sido mais um aprendizado construído pela sociedade, a justiça e o Estado brasileiro na relação com o Movimento Negro e sua história de lutas e reivindicações.

Como exemplo, citamos a situação vivida no Brasil no início dos anos de 2000, na qual fervilharam posições contrárias e favoráveis à política de cotas raciais para negros e indígenas nas universidades públicas. A mídia hegemônica, as mídias sociais, os políticos, os juristas, os grupos de intelectuais e artistas negros, brancos e de outros grupos étnico-raciais viveram essa situação de forma intensa e tensa.

No contexto das relações de poder, as opiniões contrárias às ações afirmativas e às cotas ganharam maior visibilidade com a presença midiática de intelectuais de renome – em sua maioria brancos –, alguns dos quais haviam construído a sua carreira acadêmica pesquisando sobre as relações raciais, o racismo, o mito da democracia racial, as desigualdades raciais, principalmente na antropologia, sociologia e educação.

Muitos militantes do Movimento Negro se decepcionaram com a posição contrária de vários desses intelectuais que, em outros tempos, foram considerados parceiros. Uma forte tensão se acirrou com, inclusive, publicações de livros, artigos de opiniões, depoimentos e entrevistas na mídia, nos quais os grupos contrários e favoráveis às cotas raciais se posicionavam, sempre com um desequilíbrio de visibilidade da opinião do Movimento Negro, intelectuais negros e negras e daqueles que se mantinham como aliados de luta.

Esse momento ficará marcado na história do Movimento Negro Brasileiro e na história social, política e educacional do país. Quando a reivindicação por ações afirmativas e pela modalidade das cotas raciais começou a se tornar realidade, com decisões favoráveis dos mais diversos e resistentes conselhos universitários das universidades públicas estaduais e federais, descortinou-se o véu. Aqueles que antes eram considerados aliados da luta antirracista mostraram a sua verdadeira face e agiram como opositores e inimigos de uma das mais caras reivindicações do Movimento Negro, capaz de causar uma inflexão na situação educacional e ocupacional dos negros e negras brasileiros, garantindo-lhes igualdade de oportunidades, justiça social e caminhando rumo à justiça cognitiva.

Nesse momento, o Movimento Negro construiu um importante aprendizado para si mesmo. Ele compreendeu que algumas alianças antirracistas no Brasil – país do racismo ambíguo, do mito da democracia racial e das desigualdades raciais – se mantêm válidas até o momento em que os negros e as negras, ao lutarem por seus direitos, ousam e conseguem ocupar espaços e lugares de poder, de conhecimento e de decisão antes negados. Desvelando que o discurso do "mérito" e da "competência", muito usado nas argumentações contrárias à implementação das ações afirmativas e das cotas raciais, na realidade são formas perversas de perpetuar a exclusão histórica de muitos e manter os privilégios de poucos.

Além de argumentos sobre o descrédito das ações afirmativas e das cotas raciais como medidas de correção de desigualdades sociorraciais circularam na sociedade brasileira – por meio da mídia, das opiniões de analistas e de acadêmicos – o argumento de que a qualidade das universidades seria rebaixada, pois, a partir das cotas, entrariam no Ensino Superior estudantes sem mérito, sem competência para compreender o conhecimento científico e pouco adaptáveis à dinâmica da vida intelectual e universitária.

A tensão e as discordâncias sobre o tema chegou a tal ponto que até mesmo manifestos contra e a favor às cotas raciais foram publicados com assinaturas de ativistas, educadores, intelectuais, artistas, sindicalistas, políticos, entre outros. Ambos os grupos entregaram formalmente os seus manifestos ao Supremo Tribunal Federal.

Somada às duas Ações Diretas de Inconstitucionalidade (ADI 3.330 e ADI 3.197) promovidas pela Confederação Nacional dos Estabelecimentos de Ensino (Confenen), a primeira contra o Programa Universidade para Todos (Prouni) e a segunda contra a lei de cotas nos concursos vestibulares das universidades estaduais do Rio de Janeiro, o manifesto contra as cotas intitulado "113 cidadãos antirracistas contra as leis raciais" foi entregue ao então presidente do STF, Gilmar Mendes, no dia 30 de abril de 2008.

Em contrapartida, no dia 13 de maio de 2008, o grupo favorável pela implementação das ações afirmativas e pela adoção das cotas raciais também entregou ao presidente do Supremo um manifesto intitulado "Manifesto em Defesa da Justiça e Constitucionalidade das Cotas", que sustentava que a política de ações afirmativas possibilitaria a correção das desigualdades raciais históricas no país e argumentava que o grupo contrário não representava a comunidade negra. O manifesto foi assinado por mais de 1.300 pessoas e organizações.

Essa tensão política e acadêmica levou o STF a realizar a histórica audiência pública sobre a "Constitucionalidade de Políticas de Ação Afirmativa de Acesso ao Ensino Superior", de 03/03/2010 a 05/03/2010. A audiência foi convocada pelo Ministro Ricardo Lewandowski, relator da Arguição de Descumprimento de Preceito Fundamental (ADPF) 186 e do Recurso Extraordinário (RE) 597285 a serem julgados pelo Plenário da Corte[11].

De tudo isso resultou o julgamento do STF, no dia 26 de abril de 2012, o qual por unanimidade validou a adoção de políticas de reserva de vagas para garantir o acesso de negros e índios a instituições de Ensino Superior em todo o país. O tribunal decidiu que as políticas de cotas raciais nas universidades públicas e privadas estão de acordo com a Constituição e são necessárias para corrigir o histórico de discriminação racial no Brasil.

Para os militantes, intelectuais e também para os verdadeiros aliados da luta antirracista, assistir ao vivo e on-line ao julgamento final das cotas raciais pelo Supremo Tribunal Federal, em Brasília, e ver os ilustres juízes e juízas defenderem a constitucionalidade das ações afirmativas e da modalidade das cotas raciais, baseando-se não somente na bibliografia jurídica, mas principalmente nas produções sociológicas, antropológicas e educacionais realizadas pelos militantes e intelectuais negros e negras de ontem e de hoje, significou um momento ímpar.

---

11 "STF realiza audiência pública sobre adoção de critérios raciais para a reserva de vagas no Ensino Superior [...]. A ADPF 186 foi ajuizada pelo Partido Democratas contra o Conselho de Ensino, Pesquisa e Extensão da Universidade de Brasília (Cespe/UnB) e questionava atos administrativos utilizados como critérios raciais para a admissão de alunos pelo sistema de reserva de vagas na UnB. Segundo o Partido Democratas, havia violação dos artigos 1º, 3º, 4º, 5º, 37, 207 e 208 da Constituição Federal. Já o RE 597285 foi interposto por um estudante que se sentiu prejudicado pelo sistema de cotas adotado pela Universidade Federal do Rio Grande do Sul (UFRGS). O estudante contestava a constitucionalidade do sistema de reserva de vagas como meio de ingresso no Ensino Superior. Ele não foi aprovado no vestibular para o curso de Administração, embora tenha alcançado pontuação maior do que alguns candidatos admitidos no mesmo curso pelo sistema de cotas [...]" [Disponível em http://www.stf.jus.br/portal/cms/verNoticiaDetalhe – Acesso em 26/07/2017].

Bibliografia essa que ainda não se faz devidamente presente nos diversos currículos da graduação e pós-graduação do Brasil e vem sendo retomada por docentes, na sua maioria negros e negras, com trajetória política no Movimento Negro e/ou que foram reeducados pelos seus ensinamentos. Também a juventude negra que passou a entrar, por direito, nas instituições de Ensino Superior por meio da Lei federal 12.711/12, a chamada Lei das Cotas, tem resgatado essa bibliografia e seus autores e autoras. São os saberes identitários, políticos e estético-corpóreos em movimento.

Em 8 de junho de 2017, o STF realizou outro julgamento decidindo pela constitucionalidade das cotas raciais por meio da Lei 12.990/14, que tornou obrigatório aos órgãos públicos federais a reserva de 20% de suas vagas em concursos públicos para negros. O julgamento realizou-se em decorrência de uma ação proposta pela Ordem dos Advogados do Brasil (OAB), a fim de sanar dúvidas sobre a aplicação da lei. Segundo a OAB, a legislação vinha sendo questionada em outras instâncias judiciais, e por isso a organização levou a questão à Suprema Corte. O Supremo votou pela validade da medida[12].

---

12 No dia 08/06/2017, o Supremo Tribunal Federal (STF) votou pela validade de uma lei de 2014 que obrigou órgãos públicos federais a reservarem 20% de suas vagas em concursos públicos para negros. O julgamento havia sido suspenso no mês anterior, após o voto favorável de 5 dos 11 ministros. Nesta quinta-feira (8), o debate foi retomado e os ministros Dias Toffoli, Ricardo Lewandowski, Marco Aurélio Mello, Celso de Mello e Cármen Lúcia se manifestaram pela constitucionalidade da cota. Em maio já haviam votado a favor os ministros Luís Roberto Barroso, Alexandre de Moraes, Edson Fachin, Luiz Fux e Rosa Weber. Apenas Gilmar Mendes não votou. Ele não participou da sessão porque participa do julgamento no Tribunal Superior Eleitoral que analisa ação que pede a cassação da chapa Dilma/Temer. A ação, proposta pela Ordem dos Advogados do Brasil (OAB), visava sanar dúvidas sobre a aplicação da lei, que vinha sendo questionada em outras instâncias judiciais. No julgamento, os ministros acompanharam o voto do relator, que defendeu que a cota de 20% vale para concursos da administração pública federal. A assessoria de imprensa do STF informou que a regra é válida para os poderes Executivo, Legislativo e Judiciário, no âmbito federal. No voto, Barroso disse ainda que a definição não é obrigatória para órgãos estaduais e municipais, mas pode ser seguida por eles. Não ficou definido se a cota de 20% deve ser considerada nos

Novamente, vários saberes emancipatórios construídos pela população negra, sistematizados, socializados e organizados pelo Movimento Negro entraram em ação e reeducaram a justiça e o próprio Supremo Tribunal Federal, com abrangência nacional e internacional.

As interpretações contrárias e preconceituosas sobre as ações afirmativas e a modalidade das cotas raciais têm sido superadas pela pressão do Movimento Negro e demais movimentos sociais.

As pesquisas oficiais e acadêmicas têm comprovado que o desempenho escolar dos estudantes cotistas nas universidades tem sido igual ou melhor do que os não cotistas. Ou seja, negras e negros são produtores de conhecimento e têm o direito de estar nos lugares do conhecimento. E se esses lugares têm sido historicamente negados, cabe ao Estado intervir afirmativamente para lhes garantir direitos. Esse é um aprendizado recente da sociedade, do jurídico, da academia e do Estado brasileiro. Aprendizado que teve o Movimento Negro como educador e socializador de saberes.

Uma pesquisa realizada por Jacques Wainer (Unicamp) e Tatiana Melguizo (University of Southern California) comparou o desempenho de mais de 1 milhão de alunos no Exame Nacional de Desempenho de Estudantes (Enade) no triênio

---

concursos internos de promoção e de transferência. Por fim, o STF examinou se os órgãos públicos podem verificar eventuais falsas declarações de candidatos cotistas. O voto vencedor do relator admitiu essa verificação, por exemplo, por meio da autodeclaração presencial, exigência de fotos e entrevista por comissões plurais posterior à autodeclaração. Nesse caso, essa identificação deve ocorrer num processo no qual seja respeitada a dignidade da pessoa humana e garantidos o contraditório e a ampla defesa do candidato, recomendou o ministro. A lei diz que, constatada a falsa declaração, o candidato poderá ser eliminado do concurso ou demitido se for constatada a fraude após sua admissão no serviço público. Essa e outras dúvidas na aplicação da lei deverão ser melhor definidas ao final do julgamento [Disponível em http://g1.globo.com/politica/noticia/maioria-do-stf-considera-valida-cota-de-20-para-negros-em-concurso-público – Acesso em 26/07/2017].

2012-2014. Os pesquisadores concluíram que a qualificação dos formandos que ingressaram no Ensino Superior por meio de ações de inclusão equivale ou até mesmo supera a de seus colegas.

As ações de inclusão consideradas pela investigação foram: o sistema de cotas raciais ou sociais, que reserva vagas nas universidades para estudantes negros, indígenas, deficientes, ou egressos de escolas públicas e de baixa renda; o Programa Universidade para Todos (Prouni), que oferece bolsas de estudo integrais e parciais em instituições privadas de educação superior a estudantes provenientes de famílias de baixa renda; e o Fundo de Financiamento Estudantil (Fies), que financia a graduação na educação superior de estudantes matriculados em cursos superiores não gratuitos.

Pesquisas anteriores já haviam obtido resultados importantes. Já foram realizadas investigações sobre o desempenho comparativo de cotistas e não cotistas pela Universidade Federal da Bahia (UFBa) e pela Universidade de Brasília (UnB). Contudo, por se basearem em dados de uma única universidade, não permitiam uma análise mais objetiva. Qualquer generalização só podia se basear em inferências.

Ao trabalhar com dados do Enade – portanto, nacionais –, a pesquisa realizada por Wainer e Melguizo (2017) apresentou um quadro geral da situação que comprova o bom desempenho dos cotistas e coloca por terra os argumentos anticotas.

Mais do que desmentir os argumentos contrários, os resultados dessa pesquisa desvelam o racismo presente nos discursos e nas práticas da sociedade e da universidade brasileiras. Os dados obtidos revelam como o pensamento abissal discutido por Santos (2010) opera em nosso imaginário social e no campo do conhecimento. No discurso proferido tanto pelas pessoas comuns quanto por intelectuais e políticos, os cotistas (negros, indígenas, estudantes de escola pública, pessoas com deficiência) são considerados como aqueles que estão "do outro lado da linha abissal", ou seja, incompetentes, incapazes, sem capacidade cognitiva e emocional.

A opinião pública, a universidade, a mídia, a justiça e a sociedade brasileira em geral tiveram de reconhecer que *os estudantes cotistas* são *tão humanos quanto os não cotistas*. O mito ôntico colonial do humano e não humano é destruído. Na medida em que se afirmam sujeitos de história, conhecimento e culturas, as negras e os negros afirmam e reafirmam outras formas alternativas de ser humanos, sujeitos de direitos e de conhecimento ainda não reconhecidos pelas concepções hegemônicas de humanidade, cidadania e ciência.

Com relutância, muitos tiveram de reconhecer que os jovens negros e negras (e também indígenas) que vivem um cotidiano de pobreza e são oriundos da escola pública carregam saberes aprendidos na resistência que legitimam a sua presença nos espaços de conhecimento.

Os autores concluem:

> Não há diferença prática entre o conhecimento de alunos cotistas e o de seus colegas de classes não cotistas ao final do curso, se assumirmos que o exame do Enade mede tanto habilidades gerais de raciocínio como conhecimentos específicos do curso. Não há diferença prática entre o conhecimento de alunos cotistas por razões raciais ou sociais e o de seus colegas de classe que não são cotistas. Não há diferença prática de conhecimentos entre cotistas e não cotistas em classes com média alta nos exames de conhecimento específico. Também não há diferença prática de conhecimento ao final da graduação entre alunos que receberam empréstimo pelo Fies e seus colegas de classe que não receberam o empréstimo. Finalmente, alunos que re-

ceberam bolsa do Prouni parecem ter acumulado mais conhecimentos do que seus colegas de classes (WAINER & MELGUIZO, 2017, p. 13-14).

A ecologia do corpo e do gosto estético, presente na vida dos sujeitos das ações afirmativas, tem como característica central ser produzida por aqueles que se encontram no eixo do Sul, entendido aqui como *resistência à dominação do Norte e nele buscando o que não foi totalmente desfigurado ou destruído por essa dominação*[13]. Sendo assim, ela pode ser vista como uma forma de saber e resistência.

Por outras palavras, de acordo com Santos (2004, p. 18), "só se aprende com o Sul – e nós diríamos: **só podemos compreender os saberes produzidos no Sul** – *na medida em que se contribui para a sua eliminação enquanto produto do império*" (p. 18; grifos nossos).

O saber sobre a corporeidade negra vai além do embate no contexto das relações de poder. Ele orienta a criação de novos tipos de relações, de uma nova linguagem e de uma nova ética. É por isso que ele pode nos ajudar a construir uma nova ecologia de saberes e é uma importante dimensão das epistemologias do Sul.

---

13 Segundo Santos (2004a), "a metáfora do Sul refere-se às relações Norte/Sul no centro da reinvenção da emancipação social". Para ele, "através da metáfora do Sul coloco as relações Norte/Sul no centro da reinvenção da emancipação social e demarco-me explicitamente do pensamento pós-moderno e pós-estruturalista dominante, nomeadamente Foucault, por não tematizar a subordinação imperial do Sul ao Norte, como se o Norte – nós – fosse apenas 'nós', e não 'nós e eles'. Proponho, ao contrário, como orientação epistemológica, política e cultural, que nos desfamiliarizemos do Norte imperial e que aprendamos com o Sul. Mas advirto que o Sul é, ele próprio, um produto do império e, por isso, a aprendizagem com o Sul exige igualmente a desfamiliarização em relação ao Sul imperial, ou seja, em relação a tudo o que no Sul é o resultado da relação colonial capitalista. Assim, só se aprende com o Sul na medida em que se concebe este como resistência à dominação do Norte e se busca nele o que não foi totalmente desfigurado ou destruído por essa dominação. Por outras palavras, só se aprende com o Sul na medida em que se contribui para a sua eliminação enquanto produto do império" (p. 18).

5
Corporeidade negra e tensão regulação-emancipação social: corpo negro regulado e corpo negro emancipado

O corpo entra na teoria sociológica e antropológica de várias maneiras, mas merece ser destacada a forma como ele foi introduzido pelos estudos feministas e pós-estruturalistas. São as feministas que reintroduzem a discussão crítica sobre o corpo na produção teórica dos últimos anos (BENHABIB, 2006; BUTLER, 2006).

O lugar do corpo como tema de pesquisa passa por várias fases na produção teórica. Em alguns momentos ele é destacado, em outros invisibilizado, e sempre paira sobre ele a desconfiança de que podemos cair em um viés biológico em um momento que as ciências sociais e humanas já avançaram e muito nas discussões sobre as representações sociais, os imaginários coletivos e como os corpos são esculpidos pela cultura.

Dentre os estudos que focalizam o corpo e em articulação com a discussão sobre Movimento Negro e projetos educativos emancipatórios enfatizarei o corpo negro. Ele pode nos falar de processos emancipatórios e libertadores, assim como reguladores e opressores.

O estudo sobre o corpo e a estética negra é tema do livro *Sem perder a raiz* (GOMES, 2006) e, hoje, nos espaços das redes sociais, nas discussões realizadas pelos jovens negros, mulheres e homens, nos canais de YouTube e Facebook passou a ter um lugar de destaque. As representações em torno do cabelo crespo têm sido um dos elementos centrais das análises e intervenções da juventude negra e vêm se tornando cada vez mais tema de reflexão científica. Seja para falar de dicas de beleza, seja para politizar a sua relação com o mundo, o corpo negro vem ganhando destaque, sobretudo a partir da segunda década dos anos de 2000.

O corpo negro não se separa do sujeito. A discussão sobre regulação e emancipação do corpo negro diz respeito a processos, vivências e saberes produzidos coletivamente. Isso não significa que estamos descartando o negro enquanto identidade pessoal, subjetividade, desejo e individualidade. Há aqui o entendimento de que assim como "somos um corpo no mundo", somos sujeitos históricos e corpóreos no mundo. A identidade se constrói de forma coletiva, por mais que se anuncie individual.

No Brasil, o corpo negro ganha visibilidade social na tensão entre adaptar-se, revoltar-se ou superar o pensamento racista que o toma por erótico, exótico e violento. Essa superação se dá mediante a publicização da questão racial como um direito, via práticas, projetos, ações políticas, cobrança do Estado e do mundo privado da presença da população negra na mídia, nos cursos superiores, na política, nos lugares de poder e decisão, na moda, na arte, entre outros. A denúncia do racismo, a sua inserção como um crime inafiançável e imprescritível sujeito à pena de reclusão garantida na Constituição de 1988, a presença dos negros e negras na mídia, no mercado de trabalho e nas universidades fazem parte desse cenário de lutas.

Aos poucos, no Brasil, ter um corpo negro, expressar a negritude começa a ser percebido socialmente como uma forma positiva de expressão da cultura e da afirmação da identidade. Essa percepção passa de um movimento interno construído no seio da comunidade negra – não sem conflitos e contradições – para um movimento externo de valorização da estética e da corporeidade negra no plano social e cultural – também não sem conflitos. Nesse contexto, surge de maneira densa, misturada, com diferentes intensidades de explicitação uma leitura política da estética, do corpo e da negritude. Exotismo e politização, visibilidade e ausências, apropriação cultural, possibilidades de emancipação social e reprodução de estereótipos via a corporeidade, fazem-se presentes como tensões, relações e práticas sociais.

No Brasil, a leitura sobre o negro, sua história e cultura ainda tem sido regulada pela sociedade mais ampla via racismo ambíguo e mito da democracia racial. Esta visão tem sido disseminada nos diferentes espaços estruturais do poder e marca de forma diferenciada a história da negra e do negro.

A educação escolar tem sido um dos principais meios de socialização de discursos reguladores sobre o corpo negro. A mudança nesse estado de coisas tem sido fruto da luta do Movimento Negro. E, nos últimos anos, tem sido tema da intervenção artística, poética e política de uma parcela da juventude negra, sobretudo as jovens negras.

O corpo negro nos conta uma história de resistência constituída de denúncia, proposição, intervenção, revalorização. É bom sempre lembrar que os avanços sociais e a desnaturalização da desigualdade racial e do racismo no Brasil, entendidos como parte das lutas sociais e da história de resistência, caminham junto com a luta contra a ditadura, pela redemocratização da sociedade, contra o neoliberalismo e a globalização neoliberal. Nesse sentido, não se trata de uma luta isolada, apesar da sua especificidade.

Levando-se em consideração o papel da educação escolar no Brasil, sobretudo a pública, que ainda funciona como forma de mobilidade social para alguns setores sociais e grupos étnico-raciais, propomos, neste capítulo, interpretar algumas formas de regulação e de emancipação do corpo negro, dando destaque à educação. No caso da emancipação, tendo em vista o fato de esta ser o espaço-tempo no qual é possível produzir a ecologia de saberes (SANTOS, 2004), tentaremos apresentar o corpo emancipado nessa perspectiva, uma vez que os saberes produzidos pela comunidade negra e sistematizados pelo Movimento Negro localizam-se nos campos não hegemônicos e contra-hegemônicos, os quais tensionam o cânone da ciência moderna.

Qual é a especificidade do corpo negro nos processos de regulação-emancipação social? Que tipo de corpo esses processos podem produzir?

a) O corpo regulado

O corpo pode ser *regulado* de duas maneiras: a dominante (o corpo escravizado; o corpo estereotipado; o corpo objeto) e a dominada (o corpo cooptado pelo dominante como, p. ex., a industrialização do corpo negro a serviço do comércio capitalista, falsamente autonomizado pelo mercado; o corpo como mercadoria). Na escravidão, os corpos negros estiveram presentes, mas de forma escravizada. Nesse contexto, o corpo era importante, mas como não humano, como força de trabalho e como coisa. O corpo regulado é também o corpo estereotipado por um conjunto de representações que sustentam os ideais de beleza corporal branca, eurocentrada e, no limite, miscigenada em contraposição a pele preta[14].

---

14 A música *A carne*, composta e interpretada pela cantora Elza Soares, ajuda a compreender a perversidade do corpo negro regulado. Segundo a cantora: "A carne mais barata

b) O corpo emancipado

Os corpos negros se distinguem e se afirmam no espaço público sem cair na exotização ou na folclorização. A construção política da estética e da beleza negra. A dança como expressão e libertação do corpo. A arte como forma de expressão do corpo negro. Os cabelos crespos, os penteados afros, as roupas e formas de vestir que transmitem uma ancestralidade africana recriada e ressignificada no Brasil.

Regulação e emancipação do corpo negro são processos tensos e dialéticos que se articulam ora com maior, ora com menor equilíbrio; porém, sempre de forma dinâmica e conflitiva. Esses processos assumem contornos diferentes, de acordo com os contextos históricos e políticos dos quais participam.

5.1 Tensão regulação-emancipação do corpo negro

Durante séculos a corporeidade negra viveu sob um intenso processo de regulação marcado pelo processo de colonização, pelo tráfico negreiro e pela escravidão. Essa regulação não deixou de existir após a abolição da escravatura, mas assumiu contornos diferenciados junto com os processos de regulação capitalista e, nos dias atuais, com aqueles gerados pela globalização neoliberal.

---

do mercado é a carne negra. Que vai de graça pro presídio / E para debaixo do plástico / Que vai de graça pro subemprego / E pros hospitais psiquiátricos / A carne mais barata do mercado é a carne negra / Que fez e faz história / Segurando esse país no braço / O cabra aqui não se sente revoltado / Porque o revólver já está engatilhado / E o vingador é lento / Mas muito bem-intencionado / E esse país / Vai deixando todo mundo preto / E o cabelo esticado / Mas mesmo assim / Ainda guardo o direito / De algum antepassado da cor / Brigar sutilmente por respeito / Brigar bravamente por respeito / Brigar por justiça e por respeito / De algum antepassado da cor / Brigar, brigar, brigar / A carne mais barata do mercado é a carne negra"!

O processo de regulação do corpo negro se deu (e ainda se dá) de maneira tensa e dialética com a luta pela emancipação social empreendida pelo negro enquanto sujeito. Esta tem no corpo negro o seu principal ícone político e identitário. O corpo negro pode ser entendido como existência material e simbólica da negra e do negro em nossa sociedade e também como corpo político. É esse entendimento sobre o corpo que nos possibilita dizer que a relação da negra e do negro com a sua corporeidade produz saberes. Interessa-nos, aqui, destacar os saberes emancipatórios.

O saber emancipatório produzido *pela negra e pelo* negro e *sobre* o corpo negro é visto na perspectiva de Santos (2002) como conhecimento-emancipação. No contexto brasileiro, ele realiza a trajetória entre um estado de ignorância chamado de colonialismo/escravidão e um estado de saber designado solidariedade/libertação.

No Brasil, esses saberes emancipatórios da comunidade negra carregam consigo uma pesada carga de regulação, pois são construídos no contexto de uma sociedade regulada não só pelo capitalismo, mas também pelo racismo e pelo machismo.

O racismo constitui-se um sistema de dominação e opressão estrutural pautado numa racionalidade que hierarquiza grupos e povos baseada na crença da superioridade e inferioridade racial. No Brasil, ele opera com a ideologia de raça biológica, travestida no mito da democracia racial (harmonia racial) que se nutre, entre outras coisas, do potencial da miscigenação brasileira. A ideologia da raça biológica encontra nos sinais diacríticos "cor da pele", "tipo de cabelo", "formato do nariz", "formato do corpo" o seu argumento central para inferiorizar os negros, transformando-os (sobretudo a cor da pele) nos principais ícones classificatórios dos negros e brancos no Brasil. Os indígenas também possuem uma história e sobre eles incidem leituras corpóreas de forma estereotipada; porém, a possibilidade de serem nomeados pelas diferentes etnias e a sua história específica desde a colonização até a atual relação com o Estado merecem análises mais específicas e, em vários aspectos, se diferencia das relações raciais entre negros e brancos.

Esse poder regulatório da raça biológica no contexto do racismo impulsiona um movimento contrário, no sentido de desmistificar tal ideologia e explicitar o conteúdo racista dos argumentos biológicos. É aqui que entra o papel político do Movimento Negro. Ele é o sujeito central capaz de transformar em emancipação aquilo que o racismo construiu como regulação conservadora. Nesse processo, a raça e os demais sinais diacríticos são ressignificados e recodificados politicamente. As categorias de cor passam a ser critérios de inclusão (como no caso das cotas raciais), e não de exclusão. O corpo negro ganha uma releitura política, afirmativa e identitária.

É nesse aspecto que o corpo negro e os saberes produzidos sobre o mesmo ocupam um lugar central na tensão regulação-emancipação e nos conhecimentos por ela produzidos. Corpo negro e saberes estético-corpóreos também trazem um outro grau de profundidade e complexidade na tensão dialética já apontada por Santos (2002): somam a ela a dimensão racial. Podemos dizer, então, que a modernidade ocidental, vista numa perspectiva étnico-racial, funda-se na tensão dialética *regulação-emancipação sociorracial*.

É importante alertar que não se trata de uma outra tensão e nem de uma mera adjetivação. Trata-se de dar relevância e considerar que o paradigma da modernidade ocidental, ao eleger o conhecimento científico como a forma credível e hegemônica de saber e desconsiderar e hierarquizar outros saberes, não o fez alicerçado apenas na recusa cultural e cognitiva de outros povos. Ele se alicerça numa tensão racial e de gênero.

Essa realidade traz evidências de como a racionalidade científica ocidental se constrói na ausência de um diálogo com a alteridade e, mais ainda, na premissa da inferioridade desta última. No cânone da ciência moderna ocidental não havia lugar para o reconhecimento de outros sujeitos, suas culturas e seus saberes.

A tensão regulação-emancipação sociorracial do corpo negro expressa a mesma crise apontada por Santos (2002). O corpo emancipado, que antes era o outro da regulação (a alternativa), pode-se tornar, em várias situações, o duplo desta (outra forma de regulação). Por isso, precisamos construir uma nova forma de emancipação sociorracial do corpo.

É nesse contexto que o Movimento Negro ocupa lugar central. Ele participa como o sujeito político que apresenta alternativas a esse processo de tensão, na tentativa de recodificar a emancipação sociorracial nos seus próprios moldes e não nos parâmetros da regulação. Essa alternativa pode ser vista em dois aspectos: a) quando o movimento destaca que a trajetória do negro no Brasil produz saberes, dentre eles, os políticos, identitários e estético-corpóreos; b) quando esse mesmo movimento socializa e destaca a presença do negro na história e atribui um significado político (e não exótico ou erótico) à corporeidade negra. Contra a regulação política e social que retira o negro do lugar da beleza e, no limite, da humanidade, o Movimento Negro constrói nacional e internacionalmente a expressão "beleza negra", politizando a estética.

6
Tensão dialética e crise do pilar regulação-emancipação sociorracial no campo das relações raciais e educação

Apresento três situações que exemplificam a maneira como a tensão dialética e a crise do pilar regulação-emancipação sociorracial se apresenta no campo das relações raciais e educação. A partir dele podemos elencar outras situações e fatos concernentes às relações raciais não somente na educação, mas nas mais variadas áreas; em especial, as Ciências Humanas e Sociais.

Tomaremos como exemplo três ações ligadas à questão racial brasileira, nas quais assistimos processos de regulação e emancipação sociorracial e é possível notar como estes são complexos, não lineares e dialéticos. São eles: a abolição da escravatura em 1888, a estética negra e as ações afirmativas.

a) A abolição da escravatura

Mesmo com o término oficial do tráfico negreiro em 1850 e com a sucessão de leis que abrandavam a situação dos africanos escravizados e seus descendentes – Lei Eusébio de Queirós (1850), Lei do Ventre Livre (1871) e Lei dos Sexagenários (1885) –, a escravidão no Brasil durou oficialmente até o ano de 1888 (Lei Áurea).

Apesar de todas as críticas feitas à abolição, não há como negar que ela foi resultado de um processo e a culminância oficial da emancipação do corpo negro como escravizado para o corpo liberto.

No entanto, luta pela libertação e emancipação do corpo negro sempre foi uma presença marcante na vida e nas ações dos africanos escravizados e seus descendentes. As lutas, as rebeliões nas senzalas, as lutas quilombolas, os abortos, os envenenamentos foram respostas fortes das africanas e africanos escravizados ao regime da escravidão. E em todas elas o corpo negro regulado pela escravidão se mostrava rebelde e lutava pela sua emancipação. Também hoje a história já nos revela que negros libertos também participaram do movimento abolicionista e não somente a classe média branca mais revolucionária da época.

No entanto, mesmo com todos os limites, ter oficialmente decretado que o Brasil não era mais um país escravista significou uma ruptura política, social e econômica. E as negras e negros, que já eram protagonistas da sua própria história, tiveram que se reorganizar para sobreviver na sociedade pós-escravocrata, principalmente porque a abolição formal, da lei, sem uma política de inclusão dos negros na sua condição de liberto na sociedade, resultou em um longo período histórico de trato e imaginário escravagista direcionados às libertas e aos libertos. Embora libertos, negras e negros livres foram entregues à própria sorte. Naquele contexto, era quase impossível sobreviver sem trabalho. Por isso, muitos libertos tiveram que se submeter a uma situação de vida análoga à escravidão. Um outro tipo de domínio e opressão dos ex-senhores foi se configurando. Eles, aos poucos – no decorrer dos anos e séculos –, foram se transformando nos patrões e capitalistas atuais.

De acordo com Fernandes (1978),

> a desagregação do regime escravocrata e senhorial se operou no Brasil sem que se cercasse a destituição dos antigos agentes de trabalho escravo de assistência e garantias que os protegessem na transição para o sistema de trabalho livre. Os senhores foram eximidos da responsabilidade pela manutenção e segurança dos libertos, sem que o Estado, a Igreja ou qualquer outra instituição assumisse encargos especiais, que tivessem por objeto prepará-los para o novo regime de organização da vida e do trabalho. [...] Essas facetas da situação [...] imprimiram à Abolição o caráter de uma espoliação extrema e cruel (p. 98).

Além disso, mesmo com o advento da República, em 1889, o Brasil manteve a vergonha e o desejo de exterminar de si o legado da escravidão, bem como do seu corpo miscigenado, a forte marca da presença africana e negra. Todos já conhecemos a história do processo de imigração estrangeira que acontece entre o final do século XIX e primeiras décadas do século XX.

De acordo com Pereira (2011):

> Paradoxalmente, o segmento negro pode ser considerado um dos grandes fatores desencadeadores desse processo. As estatísticas expressam em número e percentuais a preocupação que perpassava pelos políticos e intelectuais da época: havia um "perigoso" equilíbrio entre o contingente branco e o não branco na população brasileira. Deixar que esse desequilíbrio se rompesse a favor do segmento branco por meio da reprodução natural da população era aguardar um processo histórico-biológico longo e de resultados imprevisíveis, talvez indesejados. As teses a favor da imigração de povos ideais brancos, latinos e católicos, que iriam rapidamente fazer a balança pender para o lado dos brancos, perpassavam toda a retórica da época [...] (p. 278).

O processo da abolição e a sua determinação formal, com toda a sua complexidade e limites, foi um momento importante na emancipação dos negros, das negras e seus corpos. Não mais o corpo escravizado ou o corpo negro visto como coisa ou peça a ser vendida no mercado. Contudo, ao analisarmos mais profundamente, veremos que a abolição não representou uma total emancipação. Apesar das pressões nacionais e internacionais, o fato de ter sido um ato realizado pelo Império e por força da lei, atesta por si só o seu caráter regulador.

Ao mesmo tempo, temos de reconhecer que o término do regime escravista possibilitou ao negro a passagem da condição de escravizado para liberto, o que significou mais um passo na luta pela sua liberdade e dignidade e o colocou diante de novas condições para a implementação da luta pela cidadania que se configurou após o advento da República. Vemos aqui, portanto, e ao mesmo tempo, uma possibilidade emancipatória.

O fato de a abolição ter sido realizada sem a preocupação com a inserção social dos negros libertos na sociedade brasileira também atesta o seu aspecto regulador pelo Estado. Apesar de a liberdade ter sido atestada juridicamente sobre os corpos negros, a ausência de condições estruturais para a inserção social dos libertos contribuiu para reforçar o imaginário racista e acirrou as desigualdades raciais entre negros e brancos que vivemos até hoje.

Os corpos dos libertos eram vistos, no imaginário racista, como incapazes de aprender e de serem domesticados pelo trabalho livre e assalariado. Essa interpretação social e de Estado reforçou a ideia de que era preciso importar outro tipo de mão de obra que já possuía o ritmo do trabalho livre incorporado; a saber, os imigrantes. Para o imaginário racista construído desde a colonização, os ex-escravizados eram corpos rebeldes, que só entendiam o trabalho como imposição e só o faziam debaixo da chibata. E, mesmo assim, as revoltas e as rebeldias se tornavam cada vez mais constantes. Já os imigrantes, brancos, nesse mesmo imaginário, apareciam como aqueles para os quais a terra era algo para ser cultivado, cuidado com o suor do rosto, um lugar para estabelecer raízes e formar uma família. O trabalho para os imigrantes europeus estava associado à ideia de possibilidade de se construir uma nova vida.

Temos, aqui, a tensão dialética corpo regulado x corpo emancipado. No limite, tanto os libertos quanto os imigrantes tiveram os seus corpos cada vez mais regulados pelas relações capitalistas que se complexificaram com o passar dos tempos. Relações de poder que consolidaram o capitalismo e reeditaram o racismo em outros moldes.

Se fizermos um estudo específico sobre o corpo da mulher negra liberta e da mulher branca imigrante somaremos uma outra forma de opressão a todas as outras já destacadas: a opressão patriarcal. Dessa forma, o corpo feminino e o corpo masculino possuem características específicas na tensão regulação-emancipação.

Nesse contexto, a luta e a resistência negra passam a assumir um novo formato. A luta dos negros e das negras pela construção da cidadania permeia toda a história republicana brasileira. Após a queda da ditadura militar, nos anos 80 do século XX, a luta mais intensa pela cidadania e pela democracia implementada pelos movimentos sociais e demais setores progressistas da sociedade civil brasileira no final dos anos de 1970 e início dos anos de 1980 assume contornos diferentes para a negra e o negro.

A comunidade negra organizada começa a perceber, cada vez mais, que para ser considerado um cidadão de direitos o negro deveria reivindicar o reconhecimento da sua história e da sua cultura. Isso significa a articulação entre uma demanda social mais ampla e a especificidade étnico-racial. A inserção do negro no mercado de trabalho, na política, na universidade e na educação básica, as reivindicações pelos direitos à saúde, a não violência, e pela igualdade social, passaram a ser reivindicadas na perspectiva do povo negro e, por isso, foram politicamente vinculadas à superação do racismo.

Porém, aos poucos, o Movimento Negro percebe, a partir dos anos 90 do século XX, a existência de um certo esgotamento dos conceitos e das práticas universais de igualdade, democracia e direitos humanos, mesmo quando estas diziam incorporar a raça. A discussão da igualdade tanto defendida pelos movimentos sociais continuava a relegar à raça a um lugar secundário ou até mesmo a ignorava. É a partir desse momento que vemos uma luta mais específica do Movimento Negro demandando ações afirmativas no Brasil. Essa nova fase do Movimento Negro recoloca a raça em outro patamar. O Movimento Negro não nega a articulação estratégica com os outros setores sociais, mas enfatiza quais são as demandas específicas do povo negro e chama os outros movimentos de matriz progressista para somarem a essa luta.

Podemos perguntar: Quais saberes foram construídos pela comunidade negra nessa vivência social, histórica e política quando o Movimento Negro revê o processo da abolição? Como eles atingem o campo da educação?

Durante muito tempo, quando se realizava alguma comemoração cívica ou educativa sobre a questão do negro no Brasil, somente a data do dia 13 de maio, dia da assinatura da Lei Áurea, em 1888, era lembrada e comemorada.

A escola era a instituição em que tal interpretação era mais adotada. Geralmente, nas comemorações escolares, as crianças negras eram fantasiadas de africanos escravizados e uma menina branca e, de preferência, loura, era escolhida para representar a Princesa Isabel. Os manuais didáticos também apresentavam o 13 de maio como "o Dia da Libertação dos Escravos" e nada se discutia sobre a luta e resistência negras, silenciando a participação dos negros na sua própria libertação.

O Movimento Negro e suas entidades surgidas após os anos 70 do século XX foram os principais atores políticos que denunciaram essa situação. Denunciaram que a forma como o dia 13 de maio era comemorado acabava por ensinar à sociedade e às novas gerações uma visão de passividade do negro diante da "ação libertadora" do branco. Destacaram a movimentação de luta dos negros no processo de abolição e a resistência negra através dos quilombos, fugas, assassinatos de senhores e abortos. Os negros passam a buscar a universidade como um direito e continuidade dos estudos e como possibilidade de conseguir a certificação exigida socialmente para entrar para o campo da pesquisa científica. Começam a surgir quadros intelectuais negros nos mestrados e, mais tarde, nos doutorados realizando pesquisas de caráter histórico, antropológico, sociológico, político e educacional para desvelar aquilo que era considerado pela militância como deturpação sobre a presença negra no Brasil[15].

O dia 13 de maio passa a ser interpretado politicamente pelo Movimento Negro como "Dia Nacional de Luta contra o Racismo". Em contraposição a essa data e ao significado ideo-

---

15 Essa situação de silenciamento, distorção e ocultamento da história do negro brasileiro foi reforçada e alimentada pela ditadura militar a partir dos anos de 1960. No entanto, após a ditadura, a sua superação se deve e muito à intervenção do Movimento Negro Brasileiro.

lógico que a acompanha, o Movimento Negro trouxe para a sociedade brasileira o dia 20 de novembro, dia da morte de Zumbi, líder do quilombo dos Palmares. Zumbi é considerado como um dos principais símbolos da luta contra todas as formas de opressão que assola a população negra até os dias atuais. A figura de Zumbi obriga a sociedade brasileira e a escola a discutirem os movimentos de luta dos negros durante e após a escravidão[16].

O Movimento Negro também lutou pela inclusão dessa mesma reinterpretação histórica nos livros didáticos da educação básica, o que já aconteceu em alguns lugares do país. Paralelamente, construiu-se uma produção crítica paradidática sobre o tema para auxiliar os professores(as), pois é sabido que as mudanças na política nacional do livro didático são lentas. A comemoração do dia 20 de novembro vem se transformando em um movimento mais amplo e, atualmente, em alguns municípios brasileiros o mês de novembro se transformou no *mês da consciência negra*. Este tem sido um mês de constantes eventos e discussões sobre a superação do racismo, realizados pelo Movimento Negro, pelas escolas e pelos órgãos de governo[17].

Embora ainda restrito às datas comemorativas, não há como negar que trabalhar pedagogicamente o 20 de novembro significou um passo a mais na superação da ideia regula-

---

16 Lei 12.519, de 10 de novembro de 2011. Institui o Dia Nacional de Zumbi e da Consciência Negra. Art. 1º – É instituído o Dia Nacional de Zumbi e da Consciência Negra, a ser comemorado, anualmente, no dia 20 de novembro, data do falecimento do líder negro Zumbi dos Palmares.

17 O Grupo Palmares de Porto Alegre (1971 e 1978) é considerado o responsável pela proposição do dia 20 de novembro como alternativa às comemorações do 13 de maio. Foi um dos precursores do chamado Movimento Negro Moderno, que se caracterizou pela construção de uma nova identidade negra, referenciada em aspectos locais e globais. Em 1978, o Movimento Negro Unificado Contra a Discriminação Racial dá ao 20 de novembro a denominação de Dia Nacional da Consciência Negra (CAMPOS, 2006, p. 10).

dora e conservadora do 13 de maio como data da "libertação dos escravos".

Também a LDB, Lei 9.394/96, alterada pela Lei 10.639/03, no seu artigo 79B acrescenta que o dia 20 de novembro, Dia Nacional da Consciência Negra, deverá ser incluído no calendário escolar. Esta é mais uma conquista do processo de reeducação e de construção de saberes realizado pelo Movimento Negro.

b) A estética negra

A beleza pode ser entendida como uma categoria estética e construção social, como uma maneira de nos relacionarmos com o mundo. Ela não tem a ver com formas, medidas, proporções, tonalidades e arranjos pretensamente ideais que definem algo como belo. Sendo assim, beleza não se refere às qualidades dos objetos, mensuráveis, quantificáveis e normatizáveis. Ela diz respeito à forma como nos relacionamos com eles, por isso ela é a relação entre sujeito e objeto (DUARTE JR., 1998, p. 13-14).

De um ponto de vista antropológico, a experiência estética do corpo, ou seja, aquela que temos frente a um objeto ou um corpo ao senti-lo como belo, faz parte da existência humana, e as formas de codificar o belo e o feio são particularidades culturais que sofrem alterações às vezes drásticas, outras não, no decorrer do processo histórico e político.

Nesse universo inesgotável de sensações poder-se-ia se pensar que a construção cultural da beleza apresenta como principal característica o fato de ser inclusiva. De fato, ela pode servir de critério para aproximação e afirmação de um "nós" em relação a um "outro". Porém, quando a ideia de beleza é construída por um grupo, num contexto de dominação ou de diferenciação cultural, ela pode servir não só de marca distintiva como também discriminatória. Em nome da ausência de beleza pode-se excluir e segregar. Nesse caso, a beleza é usada como referência para a criação do seu oposto: a feiura. E, ao eleger a feiura como aquilo que está fora do que atinge positivamente nosso campo sensorial, pode-se usar uma determinada concepção de beleza como hegemônica e hierarquizar pessoas, grupos, povos, raças e etnias. A feiura é uma construção cultural que atua como oposto da beleza. Ambas dizem respeito à relação exclusão/inclusão.

Em um mundo globalizado, os novos padrões de mercado e de consumo acabam construindo e tentando impor ao mundo certos padrões de beleza e de feiura considerados pelo Ocidente como universais e válidos para todos. Tende-se a incorrer em uma absolutização tanto da beleza quanto da feiura, sem considerar as particularidades, sem relativizar. No contexto do racismo há uma rápida associação entre beleza e branquidade, fealdade e negritude. A beleza dos corpos passa a ser regulada por padrões estéticos eurocentrados construídos no contexto do racismo.

Apesar das esperanças e expectativas em torno do processo de globalização e sua decorrente quebra de fronteiras, a distância entre países ricos e pobres, entre o Ocidente e o Oriente, não diminuiu. A dita universalização e a hibridização dos padrões estéticos e culturais não têm sido acompanhadas de relações democráticas entre os diferentes povos. Apesar de reconhecer que esse movimento possibilitou uma certa flexibilização no padrão estético considerado universal, basta ligar a televisão, abrir as revistas de moda, observar o perfil dos artistas, as academias de ginástica e a ânsia pelo emagrecimento que invade tanto as classes médias quanto os setores populares para ver que ainda impera a crença de que a beleza é branca, o corpo bonito é o magro e o cabelo liso é o "bom".

Ao refletirmos sobre a beleza expressa no corpo, e sobretudo no corpo negro, sempre devemos considerar que o negro se expressa visualmente por meio do destaque (consciente e inconsciente) e da valorização dos sinais diacríticos que possui. Na sociedade brasileira, a cor da pele e o cabelo são utilizados como critérios definidores de beleza ou de feiura dentro do nosso sistema de classificação racial. Há um conflito entre padrões estéticos de beleza e fealdade e estes passam por uma discussão étnico-racial. Estamos, portanto, em uma zona de tensão. É dela que emerge um padrão de beleza corporal real e um ideal. No Brasil, esse padrão ideal é branco, mas o real é negro e mestiço.

Mas qual tem sido a alternativa emancipatória apresentada pelo Movimento Negro em relação à estética e à beleza negra?

Na tentativa de superar uma realidade social que trata uma série de construções culturais como dados naturais surge no interior da comunidade negra a construção política do conceito de beleza e estética negra. Esse conceito invade o campo da estética corporal e também das artes plásticas.

A expressão *beleza negra* pode ser entendida como uma estratégia de emancipação do Movimento Negro. Esta também é uma estratégia complexa e tensa dentro dos processos de emancipação-regulação sociorracial. A construção política da beleza negra, no final da década de 1970 e início dos anos de 1980, emancipa o corpo negro ao valorizar um padrão estético colocado sob suspeita no contexto do racismo. Ao mesmo tempo, na globalização capitalista *a beleza negra* extrapola a ação local da comunidade negra e do Movimento Negro e passa a ser regulada pelo mercado. O mercado toma para si símbolos étnicos, esvazia-os do seu sentido político e os transforma em mercadoria (GOMES, 2006).

O aumento de produtos étnicos que apelam para a especificidade étnico-racial dos seus possíveis consumidores torna-se fonte de exploração e lucro para os empresários negros ou não. Por outro lado, a inserção da população negra no mercado de consumo e o estatuto do negro como um "consumidor" revela um certo nível de mobilidade social desse grupo étnico-racial se considerarmos a forma como o mesmo era tratado durante o regime da escravidão: uma mercadoria a ser comprada e vendida.

No contexto da escravidão, os símbolos étnicos e o corpo negro estavam fora do padrão estético da época. O processo de emancipação de escravizado a liberto e, deste último, a cidadão é lento e complexo. Tornar-se cidadão e consumidor acrescenta maior densidade e traz novas problematizações para essa situação. A inserção dos negros na cultura de consumo traz todos os agravantes dos conflitos da globalização capitalista atual. No entanto, a relação do negro com o mercado consumidor não tem sido um processo passivo. Ela é acompanhada de pressões econômicas e jurídicas do Movimento Negro e do movimento de defesa do consumidor que dão um outro caráter emancipatório à questão.

O Movimento Negro aproveitou estrategicamente essa situação para enfatizar uma de suas lutas históricas e que atualmente vem ganhando espaço no debate público do terceiro milênio: as ações afirmativas no mercado de trabalho. A sociedade de consumo, o Estado e o mercado encontram uma pressão da população negra que, nesse momento, soma-se à luta de outros movimentos sociais. Os negros denunciam que não basta apenas exaltar a existência de uma classe média negra (e branca) consumidora, mas é preciso atentar para a situação de desigualdade e desemprego que assola a maioria da população brasileira, dentro da qual os negros (pretos e pardos) encontram-se no pior lugar. No caso específico da comunidade negra a denúncia é mais forte: grande parte não pode sequer gozar dos direitos básicos da cidadania. O nível de pobreza dessa parcela da população não lhe permite ser pensada e nem se pensar como público-consumidor. Por isso, o Estado brasileiro precisa aprimorar as suas políticas de combate à pobreza e, juntamente com elas, implementar políticas específicas de correção das desigualdades raciais. As políticas universais não conseguem contemplar a raça da maneira como esta necessita.

É fato que de 2003 a 2016, enquanto tivemos um governo democrático popular, em nível federal, várias mudanças positivas aconteceram no país. Vivenciamos no Brasil a implementação de políticas sociais, de ações afirmativas, de combate à fome e à pobreza que possibilitaram transformações significativas na situação socioeconômica da população, principalmente para a classe trabalhadora e, dentre esta, para a população negra.

Contudo, com o impedimento da presidenta democraticamente eleita, Dilma Rousseff, em agosto de 2016, o país entrou em um clima de retrocessos políticos e econômicos e de reorganização das políticas à luz do mercado e dos princípios neoliberais. O *impeachment*, que pode ser interpretado como um novo tipo de golpe de Estado que assolou o Brasil e se desenvolveu em outros países da América Latina, a partir da segunda década dos anos de 2000, é marcado por uma reorientação neoliberal das políticas, na qual as questões de gênero, diversidade sexual, raça, juventude e direitos humanos, as leis trabalhistas, a previdência social, a garantia do emprego têm sido drasticamente negadas e vários direitos conquistados pelos brasileiros e brasileiras, desde a década de 30 do século XX, passaram a ser ameaçados. A perspectiva é de mais ação do Movimento Negro para manter as suas conquistas nesse árduo processo de luta por direitos e mais intensidade nas suas ações de combate ao racismo.

c) As ações afirmativas

Nunca a universidade, os órgãos governamentais, sobretudo o Ministério da Educação, produziram, debateram e aprenderam tanto sobre as desigualdades raciais como no atual momento da luta pelas ações afirmativas. Tais ações afirmativas tocam, de maneira nuclear, na cultura política e nas relações de poder. Seja para confirmá-las, seja parar refutá-las, a universidade passou a dedicar parte do seu tempo a perceber que os jovens negros existem, que grande parcela deles não está presente nos bancos das universidades públicas e que eles lutam pelo direito de entrar nesse lugar e partilhar desse espaço de produção do conhecimento.

As instituições públicas de Ensino Superior, após a implementação das ações afirmativas mediante a Lei 12.711/12, têm que lidar com a chegada de sujeitos sociais concretos, com outros saberes, outra forma de construir o conhecimento acadêmico e com outra trajetória de vida, bem diferentes do tipo ideal de estudante universitário hegemônico e idealizado em nosso país. Temas como diversidade, desigualdade racial e vivências da juventude negra, entre outros, passam a figurar no contexto acadêmico, mas sempre com grande dificuldade de serem considerados "legítimos".

A assistência estudantil passou a ser tensionada a se repensar. A universidade se depara com a pressão para desenvolver ações de permanência acadêmica com condições dignas de estrutura física, biblioteca, renovação curricular, mais bolsas de pesquisa, extensão, assistência e melhores condições que garantam o direito aos diversos coletivos de estudantes, sujeitos das ações afirmativas e políticas de inclusão social, de completarem os seus estudos com dignidade.

Essa tensão atinge a própria população negra. Muitas vezes, encontramos negras e negros que introjetam o discurso do mérito e se colocam contrários às próprias políticas que garantem os seus direitos antes negados. O próprio Movimento Negro, conquanto protagonista desse processo, nem sempre dispõe de tempo e espaço para reflexão de que a sua luta política está contribuindo para uma mudança epistemológica e nos rumos do conhecimento científico.

De tal maneira a universidade está configurada historicamente como o único *locus* de produção de saber, que, muitas vezes, os próprios movimentos sociais têm dificuldade de compreender que as suas práticas e os saberes por eles produzidos, ao se tornarem públicos, confrontam as teorias social, antropológica, sociológica, política e pedagógica.

É possível observar que jovens negros que participam de processos de ações afirmativas tendem a estabelecer relação diferente com a sua corporeidade. Há, então, a produção de outro saber sobre o corpo, que passa a ser compartilhado com pessoas de outros segmentos étnico-raciais e a ser notado pelas famílias. De certa forma, há uma ocupação do corpo negro nos espaços que antes não estavam acostumados a lidar com tal corporeidade.

No caso da universidade, o fato de esses jovens passarem a frequentar os espaços acadêmicos traz uma outra corporeidade acompanhada de uma produção de outras experiências e significados. No Brasil, apesar da tão falada miscigenação racial, existem espaços em que corpos negros e brancos não se encontram ou se encontram muito pouco. A universidade e, dentro desta, alguns cursos considerados de elite são alguns deles. Como nos alerta Boaventura de Sousa Santos, se passarmos em revista todo o processo de construção da ciência moderna na Europa e suas repercussões no eixo fora do Ocidente Europeu, veremos que alguns povos, sua história e seus saberes sequer foram considerados. Nesse sentido, podemos afirmar que no Brasil o imaginário construído a respeito dos negros e dos indígenas primou por vê-los de duas formas: em primeiro lugar como vítimas e não como sujeitos e, em segundo lugar, como seres "sem *cogitos*" e por isso relegados a uma relação quase naturista com o corpo, o que facilitou a construção de imagens exóticas sobre os mesmos.

As ações afirmativas e as cotas raciais no Brasil ao colocarem jovens negros lado a lado com os da classe média e da elite branca podem agir como um processo de desconstrução da ideologia racista no Brasil. São também uma nova forma de garantia de direitos. Nisso reside o seu potencial emancipatório. Para que tenha eficácia, o saber corpóreo negro advindo dessa nova situação precisa ser socializado e entrar em contato com os outros saberes. Por isso, o encontro de jovens de diferentes pertencimentos étnico-raciais, via política de cotas, é acompanhado de mais uma tensão e de mais um conflito. Os jovens negros cotistas são, na realidade, corpos negros que se contrapõem à ideologia da cor e do corpo do brasileiro.

Ao tematizar e incorporar a raça, de fato, nos espaços de poder e de conhecimento nos quais a branquidade é hegemônica, o Movimento Negro desvela uma das eficácias do racismo: a violência racista que, muitas vezes, se esconde atrás do mito da democracia racial. Mas, afinal, qual é o conteúdo central dessa violência racista?

Nos dizeres de Jurandir Freire (1983) é a construção subjetiva e social da brancura.

> [...] a brancura transcende o branco. Eles – o indivíduo, povo, nação ou estados brancos – podem "enegrecer-se". Ela, a brancura, permanece branca. Nada pode macular esta brancura que, a ferro e fogo, cravou-se na consciência negra como sinônimo de pureza artística; nobreza estética; majestade moral; sabedoria científica etc. O belo, o bom, o justo e o verdadeiro são brancos. O branco é, foi e continua sendo a manifestação do Espírito, da Ideia, da Razão. O branco e a brancura são os únicos artífices e legítimos herdeiros do progresso e do desenvolvimento do homem. Eles são a cultura, a civilização, em uma palavra, a "humanidade".
>
> O racismo esconde assim o seu verdadeiro rosto. Pela repressão ou persuasão leva o sujeito negro a desejar, invejar e projetar um futuro identificatório antagônico em relação à realidade de seu corpo e de sua história étnica e pessoal (p. 5).

Ao questionar e criticar o ideal da brancura impregnado na sociedade brasileira e a lógica da branquidade construída nas tensas relações de poder, o Movimento Negro constrói um saber emancipatório. Ao lutar pela maior inserção de jovens negros na universidade e no mercado de trabalho esse movimento questiona, expõe e aponta caminhos que poderão subverter e ultrapassar a histórica, cultural, psicossocial e violenta relação entre o ideal da brancura, a lógica da branquitute e o conhecimento.

No entanto, a eficácia da intervenção do Movimento Negro na luta pela presença de jovens negros via cotas raciais na universidade corre o risco de ficar comprometida. Isso poderá acontecer se o movimento não questionar com profundidade a própria universidade pública brasileira enquanto instituição responsável pela produção do conhecimento. É preciso descolonizar os currículos e o conhecimento.

Há também outras questões como os processos reguladores do sistema de Ensino Superior brasileiro como, por exemplo, os currículos, a distribuição e oferta das disciplinas, as bolsas de pesquisa e de extensão, a abertura de vagas para professores negros universitários em atendimento à Lei 12.990/14, a necessidade do aumento de vagas, o número alto de vagas ociosas, a destinação desigual dos recursos públicos para as diferentes áreas de conhecimento, entre outros, que precisam ser equacionadas junto com as políticas de cotas. Caso contrário, a permanência dos cotistas e a sua futura entrada na pós-graduação poderão ser prejudicadas pelas estruturas reguladoras, coloniais e conservadoras da própria universidade. A dificuldade é articular essas questões com a implementação da política de cotas, sem, contudo, deixar que ela perca a sua especificidade e o seu caráter emancipatório. Caráter esse capaz de construir subjetividades rebeldes e desestabilizadoras que confrontem o racismo.

7
Movimentos sociais, Movimento Negro e subjetividades desestabilizadoras

Diante do exposto, podemos dizer que o Movimento Negro Brasileiro continua colocando para si mesmo e também para a sociedade brasileira uma série de interrogações permanentes que indagam processos objetivos e subjetivos (MERLEAU PONTY, 1968, p. 50, apud SANTOS, 2006, p. 82).

Fica ainda uma questão inspirada nas reflexões de Santos (2006, p. 82): Os saberes construídos pela comunidade negra e sistematizados pelo Movimento Negro e as estratégias de emancipação sociorracial conseguem ativar em nós a capacidade de espanto e indignação que sustente uma nova teoria e uma nova prática inconformistas, desestabilizadoras e rebeldes?

Com todos os avanços e limites, o Movimento Negro tem caminhado nessa direção. O Movimento Negro, na construção dos seus saberes, denuncia que a escravidão, as teorias raciais, a colonização dos países africanos, os sofrimentos e a opressão trazidos por esses processos foram alternativas que poderiam ter sido evitadas no passado.

Seguindo as reflexões de Santos (2006), algumas das quais são fruto da sua inspiração em Benjamin (1980) e Merleau Ponty (1968), podemos dizer que os processos emancipatórios construídos pela comunidade negra e pelo Movimento Negro produzem saberes que desestabilizam e rompem com o imaginário racista. São, portanto, *"tentativas de reinvenção do passado, produto da iniciativa humana e, com base nele, construir interrogações poderosas e tomadas de posição apaixonadas capazes de sentidos inesgotáveis"* (p. 83).

O autor adverte que não basta apenas formular interrogações poderosas sobre a ação humana no passado e no presente. É preciso identificar o sentido de tais interrogações poderosas, num momento de perigo que a sociedade atual atravessa. Essa identificação se realiza em dois momentos: o primeiro diz respeito a sua eficácia e o segundo refere-se à partilha dessas interrogações.

No que se refere ao primeiro sentido, Santos (2006) nos diz que as interrogações poderosas têm que irromper pela intensidade e concentração de energia interior que transportam. No presente, essa irrupção só tem lugar se as interrogações poderosas se traduzirem em imagens desestabilizadoras, capazes de restituir nossa capacidade de espanto e de indignação.

Podemos dizer que o Movimento Negro, ao retomar o drama da escravidão, a situação de racismo e de desigualdade racial por ela estimulada, os quais ganham vida própria no contexto da sociedade de classes e da globalização capitalista, tenta fazer com que o passado deixe de ser automaticamente redimido pelo futuro. Além disso, o Movimento Negro amplia as imagens desestabilizadoras da escravidão do passado e do racismo no presente. Ambos processos de dominação e opressão podem ser interpretados como uma das vertentes do sofrimento humano e por isso configuram-se em imagens desestabilizadoras.

A fim de traduzir a escravidão, a desigualdade racial e o racismo como imagens desestabilizadoras, o Movimento Negro socializa os saberes construídos pela comunidade negra ao longo desses dois processos. Mas será que ele tem alcançado o segundo momento do sentido das interrogações poderosas apontadas por Santos (2006, p. 83), a saber, "*como perguntar de modo que a interrogação poderosa seja mais partilhada do que as respostas que lhe forem dadas*"?

Segundo o autor, no atual momento de perigo, para que tal aconteça a interrogação poderosa deve incidir mais sobre *o que nos une do que sobre o que nos separa*, superando o desequilíbrio entre as teorias da separação e as teorias da união, dentro do qual a separação ainda impera.

Talvez esse segundo sentido das interrogações poderosas ainda seja incipiente na luta organizativa do Movimento Negro. Este movimento social partilha política e ideologicamente junto com outros movimentos sociais do ideal e da necessidade de tornar visível o que há de comum entre as diferentes formas de discriminação e opressão, a saber: o sofrimento humano causado pelo capitalismo global, pelas formas de discriminação de que se alimenta e pela colonialidade do poder.

Do ponto de vista prático, de articulação das diferentes forças sociais, essa ainda é uma tarefa a cumprir. Mas por que será? Como indaga Santos (2006), o que nos falta para que o respeito pela diferença não impeça a comunicação e a cumplicidade que torna possível a luta contra a indiferença? Partindo da experiência específica do Movimento Negro poderíamos perguntar também: O que nos falta para que o Movimento Negro e outros movimentos sociais aprofundem a comunicação e a cumplicidade? O que nos falta para que construamos as fronteiras que nos separam baseados na sábia estratégia de fazê-las com muitas entradas e saídas?

Talvez uma das respostas esteja em um dos componentes do próprio alvo comum contra o qual os movimentos sociais lutam para superar: o caráter violento do capitalismo global, alimentado pelas várias formas de discriminação e pela colonialidade do poder.

Coerentes com a discussão realizada até o presente momento, esse caráter violento pode ser ainda mais problematizado se a ele somarmos um outro fenômeno perverso: **o racismo**. Assim, o alvo comum contra o qual os movimentos sociais, em geral, e o Movimento Negro, em particular, deverão superar se reconfigurará como: o caráter violento **do racismo e do capitalismo global**, alimentados pelas várias formas de discriminação e pela colonialidade do poder, **do ser e do saber**.

Ao inserirmos o racismo como mais uma forma de violência que assola não somente o Brasil, mas, também, outros países do mundo, e caracterizar ainda mais o tipo de colonialidade na qual estamos inseridos, adensamos a nossa análise sobre a perversidade ainda maior desse alvo comum e sobre o grande desafio que significa superá-lo. Essa dimensão assustadora da violência e da opressão coloca para aqueles que lutam pela emancipação social o sentido de urgência da articulação, da comunicação e do aprofundamento da cumplicidade. Se a esses dois fenômenos perversos, racismo e capitalismo, acrescentarmos o **sistema patriarcal**, mais articulada ainda terá que ser a construção das estratégias conjuntas a fim de se construir a emancipação social.

Urge que os diferentes atores políticos e sociais que realizam a luta pela democracia, contra o capitalismo, o racismo e o patriarcado se unam e construam caminhos comuns de luta, sem perder as suas pautas específicas. Será que estamos maduros para compreender isso? Os movimentos sociais, sindicatos, partidos políticos de esquerda no Brasil, após o golpe parlamentar instaurado pelas forças conservadoras de direita e capitalistas em 31 de agosto de 2016, estão cientes da urgência dessa articulação? Ou ainda se perdem nas disputas internas por hegemonia dentro do próprio campo progressista?

A violência e a desigualdade produzidas pelo racismo, pelo patriarcado e pelo capitalismo global são de tal ordem que conseguem, em vários momentos, regular a ação dos movimentos sociais emancipatórios. De novo, a tensão dialética regulação-emancipação social acontece.

Na dureza da efetivação cotidiana da especificidade da sua luta política, os movimentos sociais, apesar de tentarem atingir o alvo comum de superação do capitalismo global, do racismo, do patriarcado, da colonização, das discriminações e das opressões, acabam por se concentrar na especificidade daquilo que os diferencia uns dos outros. Ao fazerem isso, fecham as fronteiras para a possibilidade de construção das muitas entradas e saídas entre si e fragilizam a sua própria capacidade de construir comunicação e cumplicidade uns com os outros.

Vários fatores interferem na realização bem-sucedida ou não dessa tarefa de comunicação, cumplicidade e articulação dos movimentos sociais e demais forças emancipatórias: a especificidade histórica de cada movimento social, a estratégia de luta adotada, a eficácia política das suas demandas, a capacidade de aglutinação de outros setores da sociedade aos seus objetivos de luta, os avanços sociais na desconstrução de estereótipos, o alcance e a efetivação das suas propostas, as mudanças que as suas demandas (quando atendidas) causam na sociedade mais ampla, a imposição da agenda capitalista e do neoliberalismo na tentativa de impossibilitar a luta e a ação dos movimentos sociais, entre outros. Há, também, a arrogância construída dentro do próprio campo progressista que consegue estabelecer hierarquias entre as lutas sociais, considerando umas mais válidas do que as outras. Dela decorre o medo de que a diversidade de movimentos, grupos progressistas e suas demandas desarticule os objetivos considerados maiores pelos setores hegemônicos do próprio campo da esquerda. Esse tipo de postura só nos leva ao desperdício da experiência democrática e provoca ainda mais divisões.

Segundo Santos (2006), a capacidade de comunicação e cumplicidade pode se dar em três níveis distintos: epistemológico, metodológico e político. A cada nível corresponderá um potencial de indignação e inconformismo, alimentado por uma imagem desestabilizadora. O que caracteriza cada um desses níveis?

> a) Epistemológico: assenta na ideia de que não há só uma forma de conhecimento, mas várias, e de que é preciso optar pela que favorece a criação de imagens desestabilizadoras e de atitudes de inconformismo perante elas.
>
> b) Metodológico: a hermenêutica diatópica – baseia-se na ideia de que os *topoi* – lugares-comuns retóricos mais abrangentes de determinada cultura – por mais fortes que sejam são tão incompletos quanto a cultura a que pertencem. Consiste em ampliar ao máximo a consciência de incompletude mútua através do diálogo intercultural.
>
> c) Político: o governo humano – "um projeto normativo que, em todo e qualquer contexto, constantemente identifica e restabelece as várias interfaces entre o específico e o geral, mantendo, todavia, as suas fronteiras mentais e espaciais abertas para a entrada e a saída, permanecendo desconfiado de qualquer versão de pretensão de verdade enquanto fundamento para o extremismo e a violência política" (SANTOS, 1995, p. 242).

Ainda inspirados nas propostas de Santos (2006), apresentamos a seguir duas figuras na tentativa de exemplificar como os movimentos sociais e demais coletivos do campo progressista se configuram atualmente (a situação atual e real) e como poderão se reconfigurar (a situação possível e necessária) assegurando a sua capacidade de comunicação e cumplicidade. Na passagem da situação atual e real para a possível e necessária está a possibilidade (potência) de construção de um tipo mais radical de emancipação social nos níveis epistemológico, metodológico e político[18].

A Figura 1 apresenta a situação atual e real dos movimentos sociais e sua possibilidade de comunicação e cumplicidade. O alvo comum que se pretende superar está no centro do diagrama: **o racismo, o patriarcado e o capitalismo global**, alimentados pelas várias formas de discriminação e pela colonialidade **do poder, do ser e do saber.**

A figura nos mostra a situação mais comum vivida pelos movimentos sociais na atualidade e a sua tentativa de participar conjuntamente das demais lutas sociais, porém mantendo as suas fronteiras bem definidas. Expressa, portanto, a dificuldade de realização de um trânsito livre entre as forças progressistas com muitas entradas e saídas.

Nessa situação, os movimentos sociais apresentam um potencial de indignação e inconformismo alimentado por imagens desestabilizadoras (o sofrimento humano, a miséria, a guerra, a fome, a pobreza extrema), porém com um nível ainda muito restrito de interligação. A força da Figura 1 está muito

---

18 A construção das figuras 1 e 2 é um primeiro ensaio sobre a forma como vemos e exemplificamos as duas situações reais e possíveis de articulação e comunicação entre os movimentos sociais. Cada situação apresenta a especificidade dos diferentes movimentos e sinaliza para um alvo comum a ser alcançado por todos. Essa forma de exemplificação é uma construção e, portanto, passível de sugestões, mudanças e aprimoramento.

mais naquilo que separa os movimentos sociais aqui exemplificados do que aquilo que os une. Há uma significativa distância uns dos outros.

O que se pode notar é que a proposta de articulação entre os diferentes movimentos sociais exemplificados na Figura 1 ainda não é suficiente para alcançar a capacidade de comunicação e cumplicidade de modo sustentado e a vários níveis para que haja um equilíbrio dinâmico entre as teorias da separação e da união.

Figura 1

Fonte: criação da autora.

Figura 2

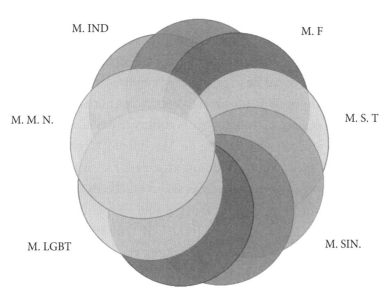

Fonte: criação da autora.

A Figura 2 revela a situação possível e necessária. No centro da composição de diagramas, articulado e se comunicando com os diferentes movimentos sociais, está o alvo comum a ser superado para a construção de uma emancipação social conjunta: **o racismo, o patriarcado e o capitalismo global**, alimentados pelas várias formas de discriminação e pela colonialidade **do poder, do ser e do saber**.

Embora não possa ser visualizado na figura, esse alvo comum está presente. Ele pode não ser visto de maneira perceptível no centro dos diagramas, dado o movimento, a capacidade de comunicação e mobilização entre diferentes movimentos sociais aqui representados. A Figura 2 expressa que cada movimento social sabe e reconhece a sua especificidade de luta e a do outro. Eles não se confundem entre si. Antes, se articulam e se comunicam de forma dinâmica em prol de um alvo comum. Eles sabem que, ao final, a superação **do racismo, do patriarcado e do capitalismo global** que se deseja realizar trará vitórias para todas as lutas específicas e colocará a sociedade e o Estado no rumo da emancipação social e da democracia reinventada.

Dos três níveis de capacidade de comunicação e cumplicidade entre os movimentos sociais destacados por Santos (2006) (epistemológico, metodológico e político), destacamos nesse estudo a atuação significativa do Movimento Negro no nível epistemológico, como produtor, articulador e sistematizador de saberes emancipatórios. Esses saberes também são produzidos pelos outros movimentos sociais aqui exemplificados: indígena, dos Trabalhadores Sem Terra, LGBT, de mulheres negras e feminista. Nisso também reside uma característica comum desses e de outros movimentos sociais de caráter progressista: eles produzem saberes, pedagogias, são educadores. Possuem a capacidade de construir subjetividades desestabilizadoras.

Os outros dois níveis, o metodológico (a hermenêutica diatópica) e político (o governo humano), também são abordados quando analisamos o potencial emancipatório do Movimento Negro e a sua capacidade de articulação e comunicação com os demais movimentos sociais. Porém, ambos ainda se colocam como desafios que precisam ser conquistados nas lutas sociais e pela reinvenção do Estado e da democracia.

Há que se investir mais na capacidade de articulação, cumplicidade e comunicação entre os movimentos sociais a fim de ampliar ao máximo a consciência de incompletude mútua através do diálogo intercultural (nível metodológico) e construir um projeto normativo que em todo e qualquer contexto identifica e restabelece as várias interfaces entre o específico e o geral, de forma contínua. Um projeto que mantenha as suas fronteiras mentais e espaciais abertas para a entrada e a saída, desconfiando sempre de qualquer versão de pretensão de verdade enquanto fundamento para o extremismo e a violência política (nível político).

Só assim as subjetividades emancipatórias, dinâmicas, rebeldes e desestabilizadoras emergirão de forma radical. Por meio delas encontraremos novos rumos para a continuidade das lutas sociais com o objetivo de democratizar a democracia, reinventar as esquerdas, descolonizar os conhecimentos e refundar o Estado, como nos propõe Santos (2006, 2016).

Por subjetividade desestabilizadora entende-se:

> aquela dotada de uma capacidade especial, energia de vontade de agir com *clinamen* (desvio, inclinação, prática liminar que ocorre na fronteira entre um passado que realmente existiu e um passado que não teve licença de existir). Implica experimentar com formas marginais ou excêntricas de sociabilidade ou subjetividade na modernidade. É uma subjetividade barroca. Ela possui o potencial para, por via do *clinamen*, fazer desviar o conformismo para a subversão (SANTOS, 2006, p. 89).

A subjetividade desestabilizadora se opõe e difere radicalmente da subjetividade simplificada. Esta última tem como sintoma o fato de as teorias da separação e da segregação dominarem totalmente sobre as teorias da união, da simplificação e da cumplicidade. Um dos elementos centrais da ação transformadora é a conjugação entre imagens e subjetividades desestabilizadoras.

No caso específico desse estudo, podemos dizer que a organização dos negros e das negras desde a escravidão até o Movimento Negro da atualidade é capaz de suscitar um tipo de subjetividade desestabilizadora que desvie do conformismo perante o racismo para a subversão, superação do mesmo e para construção de políticas radicais de igualdade racial. Diríamos que essa subjetividade desestabilizadora se apoia na imagem desestabilizadora referente ao sofrimento humano causado pela escravidão moderna e pelas diferentes formas de racismo, patriarcado, desigualdades e opressão enquanto ações conscientes e escolhas da humanidade.

Reafirmamos que o Movimento Negro constrói um projeto educativo emancipatório e, dentro deste, socializa os saberes construídos pela população negra ao longo da sua trajetória histórica. Esses saberes são fruto de subjetividades desestabilizadoras construídas na trajetória dos negros, das negras e nos seus corpos. Subjetividades que foram passadas de geração em geração como herança, cultura e resistência.

O projeto educativo emancipatório do Movimento Negro, do ponto de vista institucional, tem como foco a educação básica e o Ensino Superior. Porém, ele não se reduz a educação formal. Ele visa a educação como processo de formação humana, vivido por todos nós. Visa, ainda, promover um processo social, cultural, pedagógico e político de reeducação do negro e da negra sobre si mesmos e sobre o seu lugar de direito na sociedade brasileira. E reeduca os outros segmentos étnico-raciais e sociais na sua relação com o segmento negro da população, suas lutas por direitos e suas conquistas.

Como nos diz Santos (1996): o objetivo principal do projeto educativo emancipatório consiste em recuperar a nossa capacidade de espanto e indignação e orientá-la para a formação de subjetividades inconformistas e rebeldes (p. 17).

E ainda:

> Só o passado como opção e como conflito é capaz de desestabilizar a repetição do presente. Maximizar essa desestabilização é a razão de ser de um projeto educativo emancipatório. **Para isso, tem de ser, por um lado, um projeto de memória e denúncia e, por outro, um projeto de comunicação e cumplicidade** (SANTOS, 1996, p. 17; grifos nossos).

Considerações finais
Novos horizontes emancipatórios?

Que contribuições traz esse estudo para a pedagogia e para o pensamento educacional? E para o campo das ciências humanas e sociais? Destacarei alguns pontos, à guisa de uma conclusão provisória. Sim, porque se tem algo que me fascina no conhecimento, sobretudo aquele que se quer emancipatório, é a sua capacidade de estar sempre aberto para incorporar novas reflexões e construir conclusões provisórias que não são fechamentos de um assunto, mas portas abertas para o novo que sempre virá.

A pedagogia moderna é fruto da ciência moderna e incorpora as racionalidades privilegiadas por essa ciência (cognitivismo, cientificismo, concepção do progresso como a forma central de desenvolvimento humano, conhecimento adquirido através de fases evolutivas, valorização do conhecimento científico como único e universal, entre outros). Esse processo é feito por meio da efetivação do conhecimento-regulação nos currículos, nos métodos de ensino e na avaliação onde encontramos o predomínio dos conteúdos científicos e do conceito de mérito. Disso resultam práticas sociais e escolares e um processo de formação dos sujeitos que os enxerga somente como "*cogitos* incorpóreos".

O sistema escolar é um bom exemplo para analisar a crise apontada por Santos (2002) no processo regulação-emancipação e nos conhecimentos por eles produzidos. A transformação do processo de emancipação no duplo da regulação também pode ser vista na pedagogia e na teoria educacional.

No Brasil, a escola, principalmente a pública, é resultado de uma luta popular pelo direito à educação e entendida como parte do processo de emancipação social. No entanto, essa mesma escola se construiu historicamente enquanto uma instituição reguladora marcada pelas regras, normas e rituais, pela divisão dos conteúdos, pelo cognitivismo, pela ideia do conhecimento científico como única e privilegiada forma de saber, pela ordem e pelo disciplinamento dos corpos.

Com esse histórico, a escola pública, mesmo sendo um direito social, se esquece de que ela é a instituição que mais recebe corpos marcados pela desigualdade sociorracial acirrada no contexto da globalização capitalista. Corpos diferentes, porém discriminados por causa da sua diferença. Corpos sábios, mas que têm o seu saber desprezado enquanto forma de conhecimento. Corpos marcados por imagens quebradas, nos dizeres de Miguel Arroyo (2005).

O processo de emancipação e superação sociorracial nos desafia a construir uma *pedagogia da diversidade* (de raça, de gênero, de idade, de culturas). Esta é fruto da ação dos movimentos sociais desde os anos de 1950 e 1960 como o movimento de educação popular e a participação de Paulo Freire.

No caso específico da comunidade negra, podemos dizer que *a pedagogia da diversidade* faz parte da história de luta dos negros e negras brasileiros e se adensa no início do século XX, fruto das organizações negras e suas alternativas de educação formal e não formal para a comunidade negra. Ela assume uma radicalidade maior no terceiro milênio com a obrigatoriedade do ensino de História e Cultura Africana e Afro-brasileira nos currículos das escolas públicas e privadas, a demanda por ações afirmativas no Ensino Superior, a implementação de cotas raciais e as políticas de promoção da igualdade racial.

A pedagogia da diversidade pode ser considerada como produto da luta contra-hegemônica no campo educacional e está no cerne do processo de emancipação social na educação. Ela poderá ser mais alimentada e desenvolvida se conseguirmos realizar uma ecologia de saberes (SANTOS, 2006), incorporando nesta as múltiplas dimensões formadoras e conhecimentos dos sujeitos sociais: práticas, sentimentos, valores, corporeidade, saberes, gestos, culturas. Por isso ela tem que ir além da escola.

No campo institucional, a partir dos anos de 1990, no Brasil, algumas propostas implementadas pelas prefeituras de matriz progressista e em diálogo com os movimentos sociais, sindicatos e coletivos progressistas se aproximaram mais dessa pedagogia. Desde então, com todos os desafios e limites, há mudanças significativas acontecendo nos currículos e nas práticas educacionais brasileiras que precisam ser mais conhecidas e analisadas.

Há, também, no Ensino Superior e na Pós-graduação, projetos de ensino, pesquisa e extensão desenvolvidos pelos Núcleos de Estudos Afro-Brasileiros (NEABs), muitos dos quais fazem parte da Associação Brasileira de Pesquisadores e Pesquisadoras Negr@s (ABPN), localizados nas universidades públicas e privadas, nos Institutos Federais de Educação, Ciência e Tecnologia (IFECTs) e nos Centros Federais de Educação Tecnológica (CEFETs) que merecem ser conhecidos e precisam ganhar visibilidade.

Existe uma produção do conhecimento sendo desenvolvida pelos integrantes desses núcleos, principalmente nas áreas das Humanidades e Ciências Sociais, as quais, somadas às produções existentes desde a segunda metade do século XX por negras, negros e aliados da luta antirracista, conformam uma perspectiva negra da produção do conhecimento.

E é no contexto da *pedagogia da diversidade* que o estudo dos saberes emancipatórios construídos, sistematizados e articulados pelo Movimento Negro pode ser contemplado. Esse estudo nos dá elementos para conhecer e destacar outras racionalidades que produzem outros conhecimentos construídos através de uma vinculação estreita entre a razão, os sentimentos, o desejo, os conflitos, as vivências, as lutas e as práticas sociais e o ato de aprender.

Na *pedagogia da diversidade*, a educação é vista como prática de liberdade, como um ato de amor, um ato político e, por isso, um ato de coragem (FREIRE, 1999). E é esse mesmo autor que nos diz que a educação não pode temer o debate e a análise da realidade. Não pode fugir à discussão criadora, sob pena de ser uma farsa.

A *pedagogia da diversidade* é uma *pedagogia da emancipação*. Ela tensiona a pedagogia tradicional que ainda ocupa um lugar hegemônico no campo científico, configurando-se em uma pedagogia da regulação.

Os saberes emancipatórios construídos pela comunidade negra e organizados pelo Movimento Negro indagam essa pedagogia reguladora e conservadora. Por isso, o estudo crítico desses saberes produzidos na tensão regulação-emancipação sociorracial traz para a teoria pedagógica não somente novos conhecimentos. Ele nos ajuda a conhecer e compreender novos processos de produção do conhecimento e outros conhecimentos e nos pressiona a repensar conceitos, termos e categorias analíticas por meio dos quais os processos educativos dentro e fora da escola têm sido interpretados via a racionalidade científico-instrumental.

A educação básica e o Ensino Superior são os mais desafiados pela proposta de uma *pedagogia da diversidade*, alicerçada na ecologia dos saberes (SANTOS, 2006) e integrante das epistemologias do Sul (SANTOS, 2010). Diante do direito à diversidade, a teoria educacional é desafiada a conhecer e destacar aquilo que nos une sem perder de vista o que nos diferencia.

A educação, de um modo geral, deveria ser o campo por excelência a construir muitas entradas e saídas nas fronteiras que nos separam. Esse poderá ser o exercício epistemológico e político de uma pedagogia das ausências e das emergências enquanto componentes da *pedagogia da diversidade*.

No que se refere aos corpos, a pedagogia das ausências teria como uma de suas funções centrais refletir sobre o lugar dos corpos na pedagogia moderna. É sua tarefa questionar o porquê de terem sido produzidos como não existentes e problematizar a especificidade dos corpos negros, indígenas e das mulheres nesse contexto. Cabe a ela questionar, também, os motivos de os corpos negros terem sido interpretados e vistos de forma exótica e estereotipada no pensamento educacional, nos currículos, nos manuais didáticos e, ainda hoje, nos vários projetos educativos que se dão dentro e fora da escola. A pedagogia das ausências deve ter como característica principal a problematização dos processos lacunares presentes no pensamento educacional e nas Humanidades.

Reconhecer e tornar credíveis os saberes produzidos, articulados e sistematizados pelo Movimento Negro para a prática e para o pensamento educacional é tarefa da pedagogia das emergências. Isso exigirá uma inflexão no pensamento pedagógico, nas Humanidades, nas Ciências Sociais e na construção de uma disposição para encontrar alternativas reais de diálogo, comunicação e cumplicidade entre a produção do conhecimento, a educação e a escola, de um modo geral, e os movimentos sociais e coletivos progressistas, em particular. Para tal, o trabalho da tradução intercultural por meio da hermenêutica diatópica proposto por Santos (2004) poderá ser um interessante caminho a seguir.

Também aqui encontramos elementos para a realização da Universidade Popular dos Movimentos Sociais (UPMS), cujo objetivo principal é

> o interconhecimento no interior da globalização contra-hegemônica mediante a criação de uma rede de interações orientadas para promover o conhecimento e a valorização crítica da enorme diversidade de saberes e práticas protagonizados pelos diferentes movimentos e organizações. Espera-se que dessa reflexão saia facilitada a construção de coligações para ações coletivas mais ambiciosas no âmbito e mais eficazes nos resultados. A UPMS não pretende substituir-se a iniciativas já existentes com o mesmo objetivo. Acontece que tais iniciativas tendem a ser temáticas, promovendo reflexões/articulações entre diferentes movimentos feministas, entre diferentes movimentos operários, entre diferentes movimentos indígenas ou entre diferentes movimentos ecológicos. A novidade da UPMS reside no seu caráter intertemático, na promoção de reflexões/articulações entre movimentos feministas, operários, indígenas, ecológicos etc. Trata-se de criar no mundo do ativismo progressista uma consciência internacionalista de tipo novo: intertemática, intercultural radicalmente democrática (SANTOS, 2006, p. 169).

Com essas iniciativas e posturas diante do conhecimento e dos sujeitos que os produzem avançaremos na socialização e visibilidade dos saberes construídos fora do eixo do Norte e fora do cânone. Poderemos compreender mais os sujeitos e as múltiplas experiências do Sul. Aprofundaremos as nossas análises sobre as formas e os processos por meio das quais esses sujeitos aprendem, educam-se, reeducam-se e deseducam-se no contexto das suas experiências sociais, culturais, educativas, políticas e emancipatórias. E abriremos espaço para propostas de interconhecimento radicalmente democráticas.

A compreensão dos saberes produzidos, articulados e sistematizados pelo Movimento Negro tem a capacidade de subverter a teoria educacional, construir a pedagogia das ausências e das emergências, repensar a escola, descolonizar os currículos. Ela poderá nos levar ao necessário movimento de descolonização do conhecimento.

As epistemologias do Sul (SANTOS, 2010) nos abrem essa perspectiva emancipatória, uma vez que são produzidas numa articulação estreita entre as experiências sociais, a produção teórica e os processos de formação humana.

Esse é um importante passo na luta por emancipação, justiça global e justiça cognitiva, o qual nos levará para além de um pensamento abissal que, nos dizeres de Santos (2010):

> Consiste num sistema de distinções visíveis e invisíveis, sendo que as invisíveis fundamentam as visíveis. As distinções invisíveis são estabelecidas através de linhas radicais que dividem a realidade social em dois universos distintos: **o universo "deste lado da linha" e o universo "do outro lado da linha"**. A divisão é tal que "o outro lado da linha" desaparece enquanto realidade, torna-se inexistente, e é mesmo produzido como inexistente. Inexistência significa não existir sob qualquer forma de ser relevante ou compreensível.

> **Tudo aquilo que é produzido como inexistente é excluído** de forma radical porque permanece exterior ao universo que a própria concepção aceite de inclusão considera como sendo o Outro. **Ou seja, nem o conceito de inclusão abarca esse Outro do outro lado do abismo** (p. 31-32; grifos nossos).

O reconhecimento do Movimento Negro como produtor, sistematizador e articulador de saberes nos coloca em contato com a possibilidade de construção de um *pensamento pós-abissal*. Parafraseando Santos (2010) e refletindo sobre tudo o que foi discutido neste livro, acrescentaríamos: é possível, também, construir uma *pedagogia pós-abissal*.

O *pensamento* e a *pedagogia pós-abissais* têm o potencial de derrubar os muros que separam o conhecimento e as experiências sociais, o Movimento Negro e demais movimentos sociais e construir uma reflexão teórica, bem como uma ação política alicerçadas em uma prática político-epistemológica que possibilite a capacidade de comunicação e cumplicidade de modo sustentado entre os movimentos sociais, organizações, as diversas ações coletivas e as experiências políticas de caráter emancipatório, com muitas entradas e saídas e sem perder as identidades.

É importante compreender que as fronteiras entre os diversos movimentos sociais e ações emancipatórias não precisam ser necessariamente barreiras ou zonas de conflito. Elas podem ser pontos de contato, livre-trânsito entre os diferentes movimentos sociais, com capacidade interna e externa de mobilização, vigilância epistemológica e resistência democrática.

Referências

ARROYO, M.G. *Currículo, território em disputa*. Petrópolis: Vozes, 2012.

_____. *Outros sujeitos, outras pedagogias*. Petrópolis: Vozes, 2011a.

_____. Pedagogias em movimento – O que temos a aprender dos movimentos sociais? In: NOGUEIRA, P.H.Q. & MIRANDA, S.A. *Miguel Arroyo*: educador em diálogo com o seu tempo. Belo Horizonte: Autêntica, 2011b, p. 243-266.

_____. *Imagens quebradas* – Trajetórias de alunos e mestres. Petrópolis: Vozes, 2005.

_____. Pedagogias em movimento – O que temos a aprender dos movimentos sociais? *Currículo sem Fronteiras*, vol. 3, n. 1, jan.-jun./2003, p. 28-49.

_____. *Ofício de mestre* – Imagens e autoimagens. Petrópolis: Vozes, 2002.

BARBOSA, W.N. & SANTOS, J.R. *Atrás do muro da noite* – Dinâmicas das culturas afro-brasileiras. Brasília: Minc/Fundação Cultural Palmares, 1994.

BENHABIB, S. *El ser y el otro en la ética contemporânea* – Feminismo, comunitarismo y posmodernismo. Barcelona: Gedisa, 2006.

BENJAMIN, W. Uber den Begriff der Geschichte, In: BENJA-MIN, W. *Gesammelte Schriften* – Werkausgabe. Vol. 2. Frankfurt am Main: Suhrkamp, 1980, p. 693-704.

BUTLER, J. *Deshacer el gênero.* Barcelona: Paidós Ibérica, 2006.

CAMPOS, D.M.C. *O Grupo Palmares (1971-1978)* – Um Movimento Negro de subversão e resistência pela construção de um novo espaço social e simbólico. Porto Alegre: PUC/RS/Faculdade de Filosofia e Ciências Humanas/Programa de Pós-graduação em História, 2006, 196 p.

CARDOSO, M. *O Movimento Negro.* Belo Horizonte: Mazza, 2002.

CARNEIRO, S. Prefácio. In: HENRIQUES, R. *Raça e cor nos sistemas de ensino.* Brasília: Unesco, 2002, p. 7-10.

CUNHA JUNIOR, H. A história africana e os elementos básicos para o seu ensino. In: COSTA LIMA, I. & ROMÃO, J. (orgs.). *Negros e currículo.* Florianópolis: Núcleo de Estudos Negros, 1997, p. 55-75 [Série Pensamento Negro em Educação, n. 2].

CRUZ, M.S. Uma abordagem sobre a história da educação dos negros. In: ROMÃO, J. (org.). *História da educação dos negros e outras histórias.* Brasília: MEC/Secad, 2005, p. 21-33.

DIAS, L.R. Quantos passos já foram dados? – A questão de raça nas leis educacionais – da LDB de 1961 à Lei 10.639, de 2003. In: ROMÃO, J. (org.). *História da educação dos negros e outras histórias.* Brasília: MEC/Secad, 2005, p. 49-62.

DOMINGUES, P. Um "templo de luz"! – A Frente Negra Brasileira (1931-1937) e a questão da educação. *Revista Brasileira de Educação,* vol. 13, n. 39, 2008, p. 517-534 [São Paulo].

_____. Movimento Negro Brasileiro: alguns apontamentos históricos. *Tempo*, vol. 12, n. 23, 2007, p. 100-122 [Niterói].

DUARTE JR., J.F. *O que é beleza*. São Paulo: Brasiliense, 1998.

FERNANDES, F. *A integração do negro na sociedade de classes*. 3. ed. São Paulo: Ática, 1978.

FREIRE, J. Da cor ao corpo – A violência do racismo. In: SOUZA, N.S. *Tornar-se negro ou as vicissitudes da identidade do negro brasileiro em ascensão social*. Rio de Janeiro: Graal, 1990.

FREIRE, P. *Pedagogia da autonomia* – Saberes necessários à pratica pedagógica. 15. ed. São Paulo: Paz e Terra, 2000.

_____. *Pedagogia da esperança* – Um reencontro com a pedagogia do oprimido. 6. ed. São Paulo: Paz e Terra, 1999.

_____. *Pedagogia do oprimido*. Rio de Janeiro: Paz e Terra, 1987.

FREITAS, D.; VILLANI, A.; PIERSON, A.H.C. & FRANZONI, M. *Conhecimento e saber em experiências de formação de professores* [Disponível em http://www.anped.org.br/23/textos/0818t.PDF – Acesso em 14/06/06].

GARCIA, J. *25 anos de Movimento Negro no Brasil*: 1980-2005. Brasília: Fundação Cultural Palmares, 2006.

GOMES, N.L. Movimento Negro e educação: ressignificando e politizando a raça. *Educação e Sociedade*, vol. 33, n. 120, set./2012, p. 727-744 [Campinas].

_____. O Movimento Negro no Brasil: ausências, emergências e a produção dos saberes. *Política & Sociedade*, vol. 10, n. 18, abr./2011, p. 133-154 [Florianópolis].

_____. Limites e possibilidades da implementação da Lei 10.639/03 no contexto das políticas públicas em educação. In: PAULA, M. & HERINGER, R. (orgs.). *Caminhos convergentes* – Estado e sociedade na superação das desigualdades raciais no Brasil. Rio de Janeiro: Heinrich Böll Stiftung/Action Aid, 2009, p. 39-74.

_____. *Sem perder a raiz* – Corpo e cabelo, símbolos da identidade negra. Belo Horizonte: Autêntica, 2006.

_____. Movimento Negro, saberes e um projeto educativo emancipatório. Coimbra: CES/PT, 2006 [Relatório de pós-doutorado].

_____. *Corpo e cabelo como ícones de construção da beleza e da identidade negra nos salões étnicos de Belo Horizonte.* São Paulo: Universidade de São Paulo/Faculdade de Filosofia, Letras e Ciências Humanas, 2002, 453 f. [Tese de doutorado].

_____. Educação e relações raciais: discutindo algumas estratégias de atuação. In: MUNANGA, K. (org.). *Superando o racismo na escola.* Brasília: MEC, 1999.

GONÇALVES, L.A.O. Pensar a educação, pensar o racismo no Brasil. In: FONSECA, M.V.; SILVA, C.M.N. & FERNANDES, A.B. (orgs.). *Relações étnico-raciais e educação no Brasil.* Belo Horizonte: Mazza, 2011, p. 93-144.

_____. *O silêncio*: um ritual pedagógico a favor da discriminação étnico-racial nas escolas públicas de 1º grau. Belo Horizonte: UFMG/Faculdade de Educação [Dissertação de mestrado].

GONÇALVES, L.A.O. & SILVA, P.B. Movimento Negro e educação. *Revista Brasileira de Educação*, n. 15, set.-dez./2000, p. 134-158 [São Paulo].

GONZALEZ, L. & HASENBALG, C. *Lugar de negro.* Rio de Janeiro: Marco Zero, 1981.

GUIMARÃES, A.S.A. Como trabalhar com "raça" em sociologia. *Educação & Pesquisa*, vol. 29, n. 1, jun./2003, p. 93-107. [São Paulo].

HALL, S. *Da diáspora* – Identidades e mediações culturais. Belo Horizonte/Brasília: UFMG/Unesco, 2003.

LIMA, I.C. Trajetos históricos das pedagogias promovidas pelo Movimento Negro no Brasil. In: NOGUEIRA, J.C.; PASSOS, J. & SILVA, V.B.M. *Negros no Brasil*: política, cultura e pedagogias. Florianópolis: Atilènde, 2010, p. 3-63.

MERLEAU-PONTY, M. *Resumes de cours* – Collège de France 1952-1960. Paris: Gallimard, 1968.

MRECH, L.M. *Psicanálise e educação*: novos operadores de leituras. São Paulo: Pioneira, 1999.

MUNANGA, K. *Negritude*: usos e sentidos. Belo Horizonte: Autêntica, 2009.

MUNANGA, K. & GOMES, N.L. *Para entender o negro no Brasil de hoje*. São Paulo: Global/Ação Educativa, 2006.

NASCIMENTO, A. Teatro experimental do negro: trajetória e reflexões. *Estudos Avançados*, vol. 18, n. 50, 2004, p. 209-224 [São Paulo].

NASCIMENTO, B. O conceito de quilombo e a resistência afro-brasileira. In: NASCIMENTO, E.L. *Cultura em movimento* – Matrizes africanas e ativismo negro no Brasil. São Paulo: Selo Negro, 2008, p. 71-91.

NOGUEIRA, O. *Preconceito de marca* – As relações raciais em Itapetininga. São Paulo: Edusp, 1998.

PEREIRA, A.M. *Trajetórias e perspectivas do Movimento Negro Brasileiro*. Belo Horizonte: Nandyala, 2008.

PEREIRA, J.B.B. Diversidade e pluralidade – O negro na sociedade brasileira. *Revista da USP*, n. 89, mai./2011 [São Paulo] [Disponível em http://rusp.scielo.br/scielo.php – Acesso em 14/07/2017].

PINHO, O.S.A. O sol da liberdade – Movimento Negro e a crítica das representações raciais. *ComCiencia* – Revista Eletrônica de Jornalismo Científico (on-line), 2003 [Disponível em http://www.comciencia.br/reportagens – Acesso em 24/03/2009].

PINTO, A.S.; MORAES, O.C.R. & MONTEIRO, J. *Dossiê Mulher 2015*. Rio de Janeiro: Instituto de Segurança Pública, 2015.

PINTO, R.P. *Movimento Negro em São Paulo*: luta e identidade. São Paulo: USP/Faculdade de Filosofia, Letras e Ciências Humanas, 1994 [Tese de doutorado].

PIZZA, E. Porta de vidro: entrada para a branquitude. In: CARONE, I. & BENTO, M.A.S. (orgs.). *Psicologia social do racismo*. Petrópolis, Vozes, 2002, p. 59-90.

QUIJANO, A. Colonialidade do poder, eurocentrismo e América Latina. In: LANDER, E. (org.). *A colonialidade do saber – Eurocentrismo e ciências sociais: perspectivas latino-americanas*. Buenos Aires: Clacso, 2005, p. 227-278.

SADER, E. *Quando novos personagens entram em cena*. Rio de Janeiro: Paz e Terra, 1988.

SANTOS, B.S. *A difícil democracia* – Reinventar as esquerdas. São Paulo: Boitempo, 2016.

_____. Para além do pensamento abissal: das linhas globais a uma ecologia de saberes. In: SANTOS, B.S. & MENESES, M.P. (orgs.). *Epistemologias do Sul*. São Paulo: Cortez, 2010, p. 31-83.

_____. Para além do pensamento abissal: das linhas globais a uma ecologia de saberes. In: SANTOS, B.S. & MENESES, M.P. (orgs.). *Epistemologias do Sul*. Coimbra: Almedina/CES, 2009, p. 23-71.

_____. *A gramática do tempo* – Para uma nova cultura política. São Paulo: Cortez, 2006a.

_____. A universidade popular dos movimentos sociais. In: SANTOS, B.S. *A gramática do tempo* – Para uma nova cultura política. São Paulo: Cortez, 2006b.

_____. O futuro do FSM: o trabalho da tradução. In: *Democracia Viva*, jan.-fev./2005, p. 28-39 [Rio de Janeiro].

_____. *Do pós-moderno ao pós-colonial* – E para além de um e outro. Coimbra, 2004a [Conferência de abertura do VIII Congresso Luso-afro-brasileiro de Ciências Sociais. Coimbra, 16-18/09/2004).

_____. Por uma sociologia das ausências e uma sociologia das emergências. In: SANTOS, B.S. (org.). *Conhecimento prudente para uma vida decente*. São Paulo: Cortez, 2004b, p. 777-821.

_____ *A universidade no século XXI* – Por uma reforma democrática e emancipatória da universidade. São Paulo: Cortez, 2004c.

_____. *Um discurso sobre as ciências*. Porto: Afrontamento, 2003.

_____. *A crítica da razão indolente* – Contra o desperdício da experiência. Porto: Afrontamento, 2002.

_____. Por uma pedagogia do conflito. In: SILVA, L.H. et al. (orgs.). *Novos mapas culturais, novas perspectivas educacionais*. Porto Alegre: Sulina, 1996, p. 15-33.

SANTOS, B.S. (org.). *Conhecimento prudente para uma vida decente*. São Paulo: Cortez, 2004.

SANTOS, J.R. Movimento Negro e crise brasileira. In: SANTOS, J.R. & BARBOSA, W.N. *Atrás do muro da noite* – Dinâmica das culturas afro-brasileiras. Brasília: Ministério da Cultura/ Fundação Cultural Palmares, 1994, p. 157.

SANTOS, P.S. *Cidadania e educação dos negros através da imprensa negra em São Paulo (1915-1937)*. Itatiba: Universidade São Francisco, 2007 [Dissertação de mestrado].

SANTOS, P.S. & SALVADORI, M.A.B. *Cidadania e educação dos negros através da imprensa negra em São Paulo (1915-1933)*. [mimeo., s.d.], p. 3.612-3.622.

SILVA, A.C. *A discriminação do negro no livro didático*. Salvador: Ceao/CED, 1995.

SILVA JÚNIOR, H. Debates atuais: cotas para negros nas universidades. In: ALBERTI, V.; PEREIRA, A.A. (orgs.). *Histórias do Movimento Negro*: depoimentos ao CPDOC. Rio de Janeiro: Pallas/CPDOC-FGV, 2007, p. 431-433.

SILVEIRA, O. Vinte de novembro: história e conteúdo. In: SILVA, P.B.G. & SILVÉRIO, V.R. (orgs.). *Educação e ações afirmativas*: entre a injustiça simbólica e a injustiça econômica. Brasília: Instituto Nacional de Estudos e Pesquisas Educacionais Anísio Teixeira, 2003, p. 21-42 [Disponível em http://www.acao educativa.org.br/downloads/educaacoes_afirmativas.pdf].

SILVÉRIO, V.R. Ação afirmativa e o combate do racismo institucional no Brasil. *Cadernos de Pesquisa*, n. 117, nov./2002a, p. 219-246 [São Paulo].

_____. Sons negros com ruídos brancos. In: *Racismo no Brasil*. São Paulo/Petrópolis: Abong, 2002b, p. 89-103.

SKIDMORE, T.E. *Preto no branco* – Raça e nacionalidade no pensamento brasileiro. Rio de Janeiro: Paz e Terra, 1989 [Trad. de Raul de Sá Barbosa].

SOUZA, N.S. *Tornar-se negro ou as vicissitudes da identidade do negro brasileiro em ascensão social.* Rio de Janeiro: Graal, 1990.

STEYN, M. Novos matizes da "branquidade" – A identidade branca numa África do Sul multicultural e democrática. In: WARE, V. (org.). *Branquidade*: identidade branca e multiculturalismo. Rio de Janeiro: Garamond, 2004, p. 115-137.

WAINER, J. & MELGUIZO, T. Políticas de inclusão no Ensino Superior – Avaliação do desempenho dos alunos baseado no Enade de 2012 a 2014. *Educação e Pesquisa*, 2017 [São Paulo] [Disponível em http://www.scielo.br].

WAISELFISZ, J.J. *Mapa da violência*: homicídio de mulheres no Brasil. Rio de Janeiro: Flacso, 2015.

Lista de figuras

Figura 1, 126
Figura 2, 127

Índice

Sumário, 7

Prefácio, 9

Boaventura de Sousa Santos

Introdução, 13

1 O Movimento Negro Brasileiro como ator político, 21

    1.1 Movimento Negro, ação política e educação, 27

2 Pedagogias que emergem, 40

3 O Movimento Negro e os saberes, 47

    3.1 Movimento Negro e educação, 51

4 Tensão regulação-emancipação, produção de conhecimentos e saberes, 56

    4.1 Conhecimento e saber: uma breve reflexão, 61

    4.2 Saberes produzidos pela comunidade negra e sistematizados pelo Movimento Negro Brasileiro, 67

        a) Os saberes identitários, 69

        b) Os saberes políticos, 71

        c) Os saberes estético-corpóreos, 75

    4.3 Os saberes estético-corpóreos, 77

    4.4 Saberes estético-corpóreos, monocultura, ecologia do corpo e do gosto estético, 80

    4.5 Saberes estético-corpóreos como resistência e luta por direitos políticos e acadêmicos, 84

5 Corporeidade negra e tensão regulação-emancipação social: corpo negro regulado e corpo negro emancipado, 93

    a) O corpo regulado, 96

    b) O corpo emancipado, 97

    5.1 Tensão regulação-emancipação do corpo negro, 97

6 Tensão dialética e crise do pilar regulação-emancipação sociorracial no campo das relações raciais e educação, 101

    a) A abolição da escravatura, 101

    b) A estética negra, 109

    c) As ações afirmativas, 114

7 Movimentos sociais, Movimento Negro e subjetividades desestabilizadoras, 119

Considerações finais – Novos horizontes emancipatórios?, 133

Referências, 141

Lista de figuras, 151

Sentido da dialética
Max: lógica e política
Tomo I
Ruy Fausto

A dialética é a teoria e a prática da negação interna dos conceitos. Mesmo se ela não "vale" em todas as situações, ela tem uma legitimidade, lógica e política, que é mais ou menos universal. Este livro tenta mostrar em que ela consiste, ou antes, como ela "funciona".

"A dialética – entendamos por isso – a ideia da dialética enquanto discurso rigoroso, caiu sob os golpes do que paralelamente ao "marxismo vulgar" deveríamos chamar de "dialética vulgar" ou de "dialéticas vulgares". Pensamos em todos aqueles discursos que empregam o termo "dialética" sem fazê-lo corresponder a um objeto constituído de uma maneira rigorosa. O presente livro é um esforço de reconstituição *em ato* do que, em termos rigorosos, representaria o verdadeiro sentido da dialética. Neste volume, esse trabalho se faz principalmente através da crítica de diferentes leituras da grande obra clássica da dialética dita materialista, propostas por alguns filósofos e economistas (entre os quais Castoriadis e os althusserianos).

Ruy Fausto, *licenciado em Filosofia e Direito pela USP; doutor em Filosofia pela Universidade de Paris I; professor emérito da USP. Ensinou na universidade de Paris VIII e na Universidade Católica do Chile. Além de alguns textos literários, publicou vários livros de Filosofia e de Política, entre os quais,* Marx: Lógica e Política, investigações para uma reconstituição do sentido da dialética *(Brasiliense, três volumes, agora,* Sentido da dialética*),* Le Capital et la Logique de Hegel *(Harmattan);* Circulação simples e produção capitalista *(Brasiliense e Paz e Terra):* A Esquerda Difícil *(Perspectiva) etc.*

CULTURAL

Administração
Antropologia
Biografias
Comunicação
Dinâmicas e Jogos
Ecologia e Meio Ambiente
Educação e Pedagogia
Filosofia
História
Letras e Literatura
Obras de referência
Política
Psicologia
Saúde e Nutrição
Serviço Social e Trabalho
Sociologia

CATEQUÉTICO PASTORAL

Catequese
Geral
Crisma
Primeira Eucaristia

Pastoral
Geral
Sacramental
Familiar
Social
Ensino Religioso Escolar

TEOLÓGICO ESPIRITUAL

Biografias
Devocionários
Espiritualidade e Mística
Espiritualidade Mariana
Franciscanismo
Autoconhecimento
Liturgia
Obras de referência
Sagrada Escritura e Livros Apócrifos

Teologia
Bíblica
Histórica
Prática
Sistemática

VOZES NOBILIS

Uma linha editorial especial, com importantes autores, alto valor agregado e qualidade superior.

REVISTAS

Concilium
Estudos Bíblicos
Grande Sinal
REB (Revista Eclesiástica Brasileira)

VOZES DE BOLSO

Obras clássicas de Ciências Humanas em formato de bolso.

PRODUTOS SAZONAIS

Folhinha do Sagrado Coração de Jesus
Calendário de mesa do Sagrado Coração de Jesus
Agenda do Sagrado Coração de Jesus
Almanaque Santo Antônio
Agendinha
Diário Vozes
Meditações para o dia a dia
Encontro diário com Deus
Guia Litúrgico

CADASTRE-SE
www.vozes.com.br

EDITORA VOZES LTDA.
Rua Frei Luís, 100 – Centro – Cep 25689-900 – Petrópolis, RJ
Tel.: (24) 2233-9000 – Fax: (24) 2231-4676 – E-mail: vendas@vozes.com.br

UNIDADES NO BRASIL: Belo Horizonte, MG – Brasília, DF – Campinas, SP – Cuiabá, MT
Curitiba, PR – Fortaleza, CE – Goiânia, GO – Juiz de Fora, MG
Manaus, AM – Petrópolis, RJ – Porto Alegre, RS – Recife, PE – Rio de Janeiro, RJ
Salvador, BA – São Paulo, SP